Dzień dobry!

Die Liebe zu Polen teilen der Autor des Bandes Carsten Heinke, der auch enge persönliche Bindungen zu dem Land hat, sowie Peter Hirth, der es seit vielen Jahren immer wieder bereist. Peter Hirth hat – und das ist eine absolute Ausnahme! – auch den Vorgängertitel des DuMont Bildatlas Danzig fotografiert. Der erschien allerdings schon 2005. Seitdem hat sich nicht nur die ganze Region stark gewandelt, sondern auch Hirths Fotografie.

DIE GOLDENE STADT AN DER OSTSEE

Danzig, vor allem die Altstadt, ist viel bunter geworden. Nach Krieg und Sozialismus hat sie ihren alten Glanz zurückerobert und lockt auch mit vielen neuen Attraktionen wie dem Shakespeare-Theater mit spektakulärer Architektur und beachtenswerten Aufführungen, dem Museum des Zweiten Weltkrieges oder dem Solidarność-Zentrum auf dem ehemaligen Werftgelände. Das »Günter-Grass-Viertel« Langfuhr rund um das Geburtshaus des Schriftstellers avancierte zum Trendviertel mit angesagter Gastronomie, viel Kultur und Kunst.

GANZ NORDPOLEN

Anders als der Vorgängerband behandelt dieser DuMont Bildatlas ganz Nordpolen, von Westpommern mit seinen bekannten Ostseebädern und Stettin über Pommern und Ermland-Masuren bis nach Podlachien an der Grenze zu Weißrussland. Lesen Sie, was Sie auf keinen Fall versäumen dürfen, wenn Sie dort unterwegs sind. Wir stellen Ihnen die originellsten Übernachtungsmöglichkeiten vor und haben auch ein Ranking der schönsten Ostseestrände für Sie vorbereitet.
Herzlich

Ihre

Birgit Borowski

Birgit Borowski
Programmleiterin DuMont Bildatlas

»POLEN IST EINE BESONDERE MUTTER... DESHALB HAT ES AUCH DAS RECHT AUF EINE BESONDERE LIEBE.«
JOHANNES PAUL II., PAPST 1978–2005

Ungezählte Reiseerlebnisse und die eigene Familiengeschichte verbinden den Leipziger Journalisten Carsten Heinke mit dem Nachbarland.

Fotograf Peter Hirth bereist Polen seit über 30 Jahren. Ihn beeindruckt insbesondere die Verwandlung des einst so wirtschaftsschwachen Landes zu einem prosperierenden Teil Europas.

44
Leba: Pommern lockt mit wahren Traumstränden.

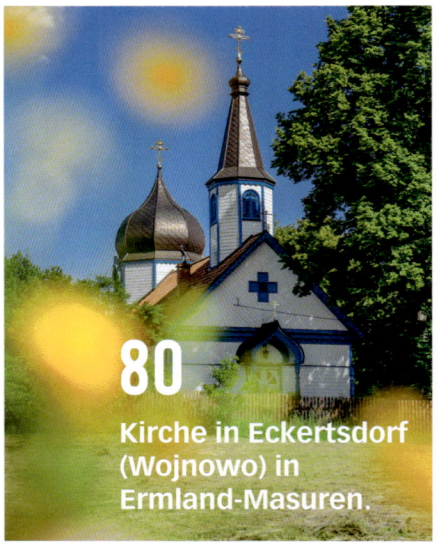

80
Kirche in Eckertsdorf (Wojnowo) in Ermland-Masuren.

22

Danzigs gute Stube ist der bereits seit dem 17. Jahrhundert bestehende Lange Markt.

115

Zum Gut Gallingen gehörten einmal mehr als 5000 Morgen Land.

Impressionen

8 Mit alten Hansestädten, moderner Kultur, einer oft unberührten Natur und Seefahrerromantik bietet diese Region eine Vielfalt, die ihresgleichen sucht.

Danzig

22 **FRISCHER WIND IN ALTEN GASSEN**
Wie Phoenix aus der Asche entstieg Danzig den Trümmern des Zweiten Weltkriegs und zeigt sich heute als eine quirlige, bildschöne Hafenstadt.

ZUR SACHE
36 **ROTE BETE UND VIEL SAHNE**
Polens Küche stand nie für schlanke Linie, doch die modernen Köche kochen anders!

40 **KARTE | INFOS | JA NATÜRLICH**

Pommern

44 **SCHIFFE, SEEN, KARIERTE HÄUSER**
Ein guter Plan: Baden und Bernstein sammeln an den Ostseestränden und im Landesinneren das von Traditionen geprägte Kaschubien bereisen.

ZUR SACHE
54 **DIE WANNE AUF DER WIESE**
Ob Meereswasser, Waldluft oder Wildkräuter – in Nordpolen sorgt die Natur für Wohlbefinden und Genesung.

58 **KARTE | INFOS | JA NATÜRLICH**

Unsere Favoriten

Originelle Übernachtungen
Interessanter schlafen in Kloster und Herrenhaus, Zugwaggon und Militärzelt.

Schöne Strände
Mußestunden an der schäumenden See oder in den flachen Dünen.

Outdoor-Erlebnisse
Segeln, paddeln, reiten, Vögel beobachten.

Westpommern

62 **VOM RAND IN DIE MITTE**
Swinemünde auf der Insel Usedom, Kolberg und Misdroy gehören zu den namhaftesten polnischen Ostseebädern. Herz der aufstrebenden Region ist indes Stettin, die große, immerjunge Metropole.

76 **KARTE | INFOS | JA NATÜRLICH**

Ermland-Masuren

80 **IM LAND DER LANGSAMKEIT**
Masuren ist für viele ein Sehnsuchtsort. Heute sind die Städte im Land der 2700 Seen touristisch perfekt erschlossen. Ganz hingegeben an Ruhe, Natur und den gemächlichen Gang der Jahreszeiten zeigt sich das angrenzende Ermland.

ZUR SACHE
92 **GRÜNE KORRIDORE FÜR MENSCH UND TIER**
Bäume stehen Spalier für Reisende, bieten Schutz und Schatten. Alleen wohnt ein besonderer Zauber inne. In der Provinz schlängeln sie sich durch eine wunderbare Landschaft.

94 **KARTE | INFOS | JA NATÜRLICH**

Podlachien

98 **MULTIKULTI IM WILDEN OSTEN**
Die Nähe zu Belarus und Litauen prägt die Region. Ihre Vielfalt beschränkt sich nicht nur auf die urwüchsige Landschaft: Religionen und Traditionen mehrerer Volksgruppen treffen sich hier.

ZUR SACHE
108 **IM REICH DER WISENTE UND EICHEN**
An der Grenze zu Belarus dehnt sich einer der letzten Urwälder Europas aus, Heimat vieler seltener Tiere und Pflanzen. Der Białowieża-Nationalpark steht unter strengem Schutz, der aber immer aufs Neue verteidigt werden muss.

110 **KARTE | INFOS | JA NATÜRLICH**

Anhang

116 **HILFREICH & NÜTZLICH**
119 **REGISTER, IMPRESSUM**
120 **URLAUB ERINNERN**
122 **LIEFERBARE AUSGABEN**

Das Beste erleben

Berührend, aufregend und spannend …
sind unsere Ideen, die wir für Ihren Aufenthalt in Danzig
und dem Norden Polens zusammengetragen haben.

Reizvolle Historie

* 1 *

UNESCO-WELTERBE MARIENBURG

Das ehemalige Herz des deutschen Ordensritterstaates ist das größte Backsteingebäude Europas: ein Bauwerk der Superlative.
Seite 61

* 2 *

»KÖNIGSWEG« IN DANZIG

Prachtvolle hanseatische Baukunst bildet eine der schönsten Altstadtstraßen der Welt.
Seite 41

Besondere Orte

* 3 *

GEDENKSTÄTTE GRÜNFELDE (GRUNWALD)

Das Schlachtfeld von Tannenberg (Stębark), wo 1410 der gewaltigste Ritterkrieg des Mittelalters tobte, ist heute ein nationaler Kultplatz mit Museum.
Seite 96

* 4 *

TYKOCIN

Die jüdische Gemeinde der podlachischen Stadt gehörte zu den größten in Osteuropa. Talmudhaus und Synagoge im barocken Zentrum sind heute ein Museum.
Seite 112

Tolle Atmosphäre

* 5 *

MIECZYSŁAW-KARŁOWICZ-PHILHARMONIE IN STETTIN

Das supermoderne, nach dem polnischen Komponisten Mieczyslaw Karlowicz benannte, von den spanisch-italienischen Architekten Fabrizio Barozzi und Alberto Veiga entworfene Konzerthaus wirkt von außen so leicht wie eine Papierlaterne.
Seite 77

* 6 *

MUSEUM DES ZWEITEN WELTKRIEGS IN DANZIG

Zu den neuen Wahrzeichen der Stadt gehört ein spektakulärer, rostroter Gebäudekomplex auf dem ehemaligen Werftgelände, dessen Mittelteil wie ein Segel in den Himmel ragt.
Seite 42

* 7 *

SHAKESPEARE-THEATER IN DANZIG

Das von dem venezianischen Architekten Renato Rizzi entworfene Schauspielhaus kann während der Vorstellung sein Dach öffnen und schließen. Der Theaterraum in seinem Inneren wurde nach dem historischen Vorbild des legendären Londoner Globe Theaters gestaltet.
Seite 42

Grüne Wunder

* 8 *

KASCHUBISCHE SCHWEIZ

Eine zauberhafte Landschaft aus Seen, Kanälen und waldigen Hügeln fasziniert den Reisenden in der Kaschubischen Schweiz, die ein Teil des Kaschubischen Landschaftsschutzparks (Kaszubski Park Krajobrazowy) ist.
Seite 61

* 9 *

KONIKEN-NATURSCHUTZGEBIET IN POPIELLNEN (POPIELNO)

In Popiellnen am Spridingsee, dem auch »Masurisches Meer« genannten größten See in Polen, leben mehrere Herden einer von Wildpferden abstammenden Ponyrasse frei in der Natur und können beobachtet werden
Seite 97

* 10 *

WIGRY-NATIONALPARK

Das wald- und seenreiche Naturschutzgebiet zwischen Augustów und Suwalken in der Woiwodschaft Podlachien ist ein Tummelplatz der Biber, Elche und Wasserwanderer.
Seite 111

MEERESBLAUE LANDSCHAFTSTRÄUME

Manchmal reicht der Wald wie hier in Freihof (Orzechowo) bei Stolpmünde (Ustka) fast bis zum Meer. Ob gesäumt von Buchen oder Kiefern, ob mit hohen Dünen oder steilen Klippen: Die Ostseeküste Polens zeigt sich in vielerlei Gestalt. Über mehr als 500 Kilometer erstreckt sie sich von der Insel Usedom im Westen bis zur Frischen Nehrung im Osten.

HAFENSTADT AUS OSTSEEGOLD

Wenn die Morgensonne auf die Mottlau und auf Danzigs Bürgerhäuser, Kirchen und Paläste scheint, funkelt die jahrhundertealte Hansemetropole in den gleichen warmen Farben wie das »Gold der Ostsee«: Das Geschäft mit Bernstein wie der Handel überhaupt brachten großen Reichtum in die Stadt. Nach Krieg und Sozialismus hat sie ihren alten Glanz zurückerobert. Der lockt nun Besucher aus der ganzen Welt an – genauso wie die vielen neuen Attraktionen.

EDELWEISSE MUSENTEMPEL

Neue Konzerthäuser wie Danziger, Bialystoker und Stettiner Philharmonie (Foto) glänzen mit exzellenter Akustik und moderner Architektur. Für grandiose Raumerlebnisse sorgt auch die jüngste Generation der großen Museen. Oft in Eigeninitiative von Kunst- und Kulturschaffenden entstanden in ehemaligen Industriebauten spannende Klubs und Galerien.

BUNTES HAFENLEBEN

Museumsschiffe wie die »Dar Pomorza« und der moderne Waterfront-Komplex gleich vis-à-vis prägen die Marina von Polens wichtigster Hafenstadt Gdingen. Im Sommer bilden sie oft die Kulisse für internationale Großregatten, Segelschiff- und Jachtparaden. Und wie überall an Pommerns Ostseeküste finden auch hier jede Menge farbenfroher maritimer Feste statt.

ZIEGELROTE BACKSTEINSCHÄTZE

So schön und mächtig, wie die Marienburg über Pommerns stillen Weiten thront, könnte man sie auch für eine Filmkulisse halten. Doch das Backsteinwunderwerk ist genauso echt wie die vielen anderen Baudenkmäler zwischen Suwalken und Stettin.

GRÜNE WALD- UND WASSERWUNDER

Ohne Eile paddeln oder sich nur treiben lassen, vorbei an Wäldern, Wiesen, Rindern – dazu bieten Flüsse wie Krutinna (Krutynia) bei Eckertsdorf (Foto), Alle (Łyna) und Bober (Biebrza) beste Gelegenheiten. Ergänzt wird das Netz aus Wasserwanderwegen durch Tausende Seen und künstliche Kanäle.

Die originellsten Übernachtungen

FESTUNG ODER ZUGWAGGON

Das moderne Polen hat großartige Hotels, die sich in Ausstattung und Service von denen im Westen oft nur durch den niedrigeren Preis unterscheiden. Schillernd macht das Spektrum der Übernachtungsangebote aber erst die Vielzahl jener, die – wie auch immer – aus der Reihe fallen. Das kann eine Mönchszelle sein, aber auch ein aufgehübschtes DDR-Armeezelt.

❶ Urige Mühle

Es ist eine Mühle am rauschenden Bach bei Groß Purden (Purda). Doch seit 1967 klappert sie nicht mehr. Ihre Besitzer Bożena und Andrzej Szymanowski kauften das verfallende Bauwerk aus dem 16. Jh., sanierten es komplett und machten daraus mit viel Liebe, Kunst und selbstgebauten Möbeln ein urgemütliches Gästehaus, wo der Hausherr selbst sehr gut kocht. Der alte Mühlstein dient als Esstisch. Umgeben ist das Domizil von Wald und einem wilden Garten.

Młyn Patryki
Patryki 49a
11-030 Purda
Tel. 0696 48 79 55
www.mlynpatryki.pl

❷ Hinter dicken Burgmauern

Auf den Spuren mittelalterlicher Ordensritter wandelt man in vielen Orten Ermland-Masurens. In einer der feudalen Kirchenfürstenburgen zu residieren, ist nicht oft möglich. Auf Burg Heilsberg übernachten Gäste in modernen Zimmern hinter meterdicken Mauern mit allen Annehmlichkeiten eines Viersternehotels. Unter Fürstbischof Lukas Watzenrode (1447 bis 1512) lebte hier auch dessen Ziehsohn und Leibarzt, Nikolaus Kopernikus.

Hotel Krasicki
pl. Zamkowy 1/7
11-100 Lidzbark Warmiński
Tel. 089 537 17 00
www.hotelkrasicki.pl

❸ Im Zarenzug

1903 wurde eigens für den russischen Zaren Nikolai II., der zum Jagen in die Belowescher Heide kam, der Bahnhof »Białowieża Towarowa" gebaut. Restauriert und zeitgetreu ausgestattet, stehen die stilvollen historischen Räume Gästen heute als Feinschmeckerrestaurant Carska zur Verfügung. In umgebauten Zugwaggons kann man übernachten und sich in einer echt russischen Sauna mit Birkenreisig hauen lassen.

Stacja Towarowa 4
17-230 Białowieża
Tel. 085 681 21 19
www.carska.pl

❹ Die Glampingscheune

Der Ort liegt so abgelegen, dass man sein Navi besser gleich mit den Geo-Koordinaten füttert. Mit einer trendigen Designer-Lounge in einer alten Scheune, innen gestylten Bauernhäusern, auf Glamping-Tents getunten Militärzelten aus der DDR-Armee liefert das Glendoria das Gegenstück zu einem durchschnittlichen Feriendomizil. Sahnehäubchen ist das Camp-Spa, ein Wellnesstempel im Wald vis-à-vis (S. 56).

Agroturystyca Glendoria
Ględy 45, 14-105 Łukta
53°53'7.57«N 20° 6'21.89«E
Tel. 0606 29 98 12
www.glendoria.pl

❺ Am duftigen Kräutergarten

Inmitten wohlriechender Heil- und Küchenpflanzen übernachtet man in Mirosław Angielczyks »Kräuterwinkel«. Das 15 ha große Bildungs- und Ferienzentrum am Rande der Belowescher Heide ist als botanischer Garten anerkannt. Neben Führungen erleben die Gäste die Herstellung von Tees und Ölen, Zusätzen für Getränke oder Bäder. Von der geschmacklichen Zauberkraft der Kräuter kann man sich im Gasthaus überzeugen.

Ziołowy Zakątek
Koryciny 73 b
17-315 Grodzisk
Tel. 051 212 70 69
www.ziolowyzakatek.pl

6 Ein stolzes Herrenhaus

Stadtpaläste und Patrizierhäuser sind in Danzig keine Seltenheit. Aber ein so schönes ländliches Herrenhaus mit einem historischen Hof aus reetgedeckten Fachwerkhäusern gibt es dort nur einmal – und zwar im grünen Danziger Vorort Oliva. Die Anlage aus dem 17./18. Jh. wurde stilvoll saniert und zu einem topmodernen Fünfsterne-Cityhotel mit Spa und Park ausgebaut. Sie hat 70 Gästezimmer und Apartments.

Dwór Oliwski
ul Bytowska 4
80-328 Gdańsk (Danzig)
Tel. 058 717 85 00
www.dworoliwski.pl

7 Das Bett im Museum

Aus nur drei Höfen besteht das Dorf Kadzidlowen in der Johannisburger Heide. Einer davon ist die masurische Kultursiedlung von Danuta und Krzysztof Worobiec – ein zauberhaftes Bauernhausmuseum, in dessen liebevoll gepflegten Schätzen Gäste übernachten können. Die hausgemachte Küche des kleinen Restaurants ist so gut, dass sie schon seit Jahren eine Kochmütze des polnischen Gault & Millau trägt.

Oberża Pod Psem
Kadzidłowo 1
12-210 Ruciane-Nida
Tel. 087 425 74 74
www.oberzapodpsem.com.pl

8 Zelten mit Hofanschluss

Kaum ist die Sonne hinterm See versunken, beginnt das Nachtkonzert der Frösche, Grillen, Wachtelkönige. Mit tiefem Bass stimmt später noch ein Elch mit ein. Das Lagerfeuer prasselt vor dem Zelt. Der kleine Campingplatz am Spirdingsee mit Aussichtsplattform, Boots- und Badesteg gehört zu einem Gutshof. Dahinter liegt das Vogelschutzgebiet Lucknainer See. Hier sind vier Adlerarten heimisch – und 2000 Höckerschwäne, die größte Kolonie Europas.

Folwark Łuknajno 1
11-730 Mikołajki
Tel. 087 421 68 62
www.luknajno.pl

9 Mit Fantasietheater

Für ungewöhnliche Ferienerlebnisse inmitten der Natur sorgt die etwas schräge Erlebnispension Galindia am Bełdany-See in der Johannisburger Heide. Inspiriert wurde die fantasievoll gestaltete Siedlung von den Galindern. Dieses westbaltische Volk lebte im Nordosten Polens, bis es im 13. Jh. vom Deutschen Orden unterworfen wurde und ausstarb. Die wilden Inszenierungen »aus dem Leben der Galinder« haben nicht viel mit echter Geschichte zu tun, sind aber äußerst unterhaltsam.

Iznota koło Mikołajek
12-220 Ruciane-Nida
Tel. 050 502 44 41
www.galindia.com.pl

10 Erholen im Kloster

Fromme Stille, altehrwürdiges Gemäuer, ringsum Wald und Wasser. Auf einer Halbinsel im Wigry-See liegt das ehemalige Kamadulenserkloster, 1667–1805 Wohnort eremitischer Mönche. Der barocke Komplex, in dem sich auch Papst Johannes Paul II. erholte, besteht u. a. aus der Marienkirche und zwölf Einsiedeleien, in denen heute Gäste übernachten. Die modernen, aber sehr spartanisch eingerichteten Quartiere wurden entsprechend den Aufgaben ihrer früheren Bewohner gestaltet. Je nach Ambition wählt der Gast zwischen Kräutersammler-, Imker- oder Gärtnerzimmer.

Fundacja Wigry Pro
Wigry 11, 16-402 Suwałki
Tel. 087 566 24 99
www.fundacja.wigry.pro

Danzig

*

FRISCHER WIND
IN ALTEN GASSEN

*

Würdevolle Bürgerburgen, Kirchen, Türme, Tore und Paläste haben die Handelsstadt in ihrer Blütezeit geprägt. Der Zweite Weltkrieg zerstörte sie am Ende fast komplett. Heute ist das kaum zu glauben, denn die ganze Pracht ist wieder aufgebaut. Zugleich zeigt Danzig unverkennbar, dass es eine Metropole des 21. Jahrhunderts ist.

Blick über Danzig von der Marienkirche Richtung Osten. Weithin sichtbar hebt sich das Rechtstädtische Rathaus mit seinem markanten Turm aus dem Häusergewirr heraus.

Kellner wischen Tische ab und spannen Sonnenschirme auf. Vor der Piwna 47 gleich neben der Marienkirche ebenso wie vor der Drukarnia in der Frauengasse und unzähligen anderen Lokalen in Danzigs Altstadt. Während die Sonne erst noch über hohe, alte Bürgerhäuser klettern muss, hat der Alltag in den Gassen schon begonnen. Straßenhändler bauen ihre Stände auf. Kaffeebecherträger eilen ins Büro. Teure Schuhe klackern über Kopfsteinpflaster. Aus der Bäckerei Pellowski strömt der Duft von frischen Brötchen.

Früh am Tag, bevor der Weltstar Danzig auf die Touristenbühne tritt, begegnet man ihm fast privat. Die verschnör-

WER FRÜH AUFSTEHT, DER GENIESST DANZIGS SCHÖNHEIT FAST FÜR SICH ALLEIN.

kelten Giebel und prächtigen Fassaden, Türme, Brunnen und Portale sind dann viel weniger Museum als ein echter Lebensraum. »Wer beizeiten aufsteht, hat diese Schönheit fast für sich allein«, verrät Andreas Kaspersky. Gern zeigt der Bohemien und Szenekenner Gästen seine Stadt. Und richtig: Selbst auf dem »Königsweg«, der Glamour-Bummelmeile zwischen dem Hohen und dem Grünen Tor, lassen sich Patrizierhäuser und Paläste jetzt am Morgen in aller Seelenruhe inspizieren.

AUF DEN HUND GEKOMMEN

Später, wenn hier alles voller Menschen ist, wählt man besser eine Nebenroute. Für gemütliche wie spannende Entdeckungstouren gibt es genug Alternativen – wie etwa das »Günter-Grass-Viertel« Langfuhr. Rund um das Geburtshaus des Schriftstellers (1927–2015), der seiner Heimatstadt mit dem Roman »Die Blechtrommel« ein literarisches Denkmal setzte, entstand ein toller Kiez mit Trendgastronomie, Kultur und Kunst. Ein künstlerisches Zentrum, das sowohl Grass als auch den Danziger Buchillustrator Daniel Cho-

Oben: Herz der Rechtstadt ist der Königsweg, den einst Monarchen beim Einzug in Danzig nahmen. Er führt durch die Langgasse (heute eine beliebte Einkaufsstraße, im Hintergrund Hohes Tor und Stockturm) zum Rechtstädtischen Rathaus am Langen Markt. Der Königsweg endet an der Mottlau.
Mitte: Langer Markt mit Neptunbrunnen, Rechtstädtischem Rathaus und einem flinken Hermes (unten) direkt vor dem Artushof.

Das Goldene Tor (Brama Złota) markiert den westlichen Zugang zur Langgasse. Über 100 Jahre älter ist der spätgotische Hof aus Backstein der
St.-Georg-Schützenbruderschaft. Wo sich einst die bessere Gesellschaft
traf, wird heute gefeiert und getagt.

Wie an vielen Stellen der Rechtstadt stechen auch in der Biergasse (ul. Piwna) die bildschönen Schmuck-giebel hervor. Im Hintergrund erhebt sich mit der gotischen Backstein-Basilika St. Marien eine der größten Hallenkirchen der Welt.

Wie lebten die Danziger Patrizier? Dies zeigt das Museum im Haus des angesehenen Kauf-manns und Ratsherrn Johann Uphagen an der Langgasse. Als Danzig 1793 preußisch wurde, legte er sein Mandat aus Protest nieder.

Kopfsteinpflaster und die typischen Beischläge, wie die Terrassen-Treppen-Kombinationen vor den Häusern heißen, prägen die fotogene Frauengasse (ul. Mariacka).

Ein Hotspot der Stadt ist der Lange Markt (Długi Targ). Er wurde wie die gesamte, fast komplett zerstörte Altstadt nach 1945 wieder historisch korrekt aufgebaut – eine Herkulesaufgabe, der sich Danzig mustergült g stellt hat.

dowiecki (1726–1801) würdigt, soll 2023 nach umfassender Sanierung im einstigen Waisenhaus, ul. Sieroca 6, eröffnet werden.

Nur ein paar Schritte weiter von Langgasse und Langem Markt liegt die Hundegasse. Ihre Bezeichnung stamme wohl von den vierbeinigen Speicherinsel-Wächtern, die einst hier lebten, erzählt Andreas. An die braven Tiere erinnere mit deren lateinischem Namen ebenso das im Jahr 2017 eröffnete Restaurant »Canis« in der Nr. 27. Ihm wie den anderen neuen Läden, Galerien und Lokalen verdanke die alte Mietshausstraße angenehm frischen, kreativen Wind.

»Heute geht man hier zu Vernissagen, nascht vegane Snacks und handelt mit Vinyl-Tonträgern«, sagt der Stadtführer. Fremde seien früher allenfalls gekommen, um zu sehen, wo der berühmte Physiker Daniel Fahrenheit (1686–1736) seine ersten Lebensjahre verbrachte.

Wenige Eingänge weiter vom Geburtshaus des Physikers wohnt Andreas selbst und sei damit im allerbesten Sinne »auf den Hund gekommen«. Der 48-Jährige spielt gern mit seinen beiden Muttersprachen. Er ist genauso deutsch und polnisch wie seine Heimatstadt, die er über alles liebt.

FARBENFROHE FRAUENPOWER

Auf dem Damm (ul. Grobla) am Löwenbrunnen vor der Königlichen Kapelle betreibt die Modemacherin Natalia Lipińska eine Boutique.

»Meine Kundinnen kommen etwas später«, sagt die gutgelaunte Powerfrau, deren Haare mindestens genauso bunt wie ihre Kleider sind – stets abgestimmt auf die jeweils aktuelle Kollektion. Sie stellt zwei Stühle vor den Laden, nimmt auf einem davon selber Platz und genehmigt sich erst einmal einen »Latte«.

Seit 2013 verkauft die Danzigerin trendige Bekleidung, Taschen und Acces-

Am Abend verlagert sich das Leben am Langen Markt in die Restaurants.

soires, die sie gemeinsam mit ihrem Bruder Kuba Synakiewicz entwirft und auch selber näht. Grelle Farben, große Muster aus abstrakten Formen und Naturmotiven sowie funktionale Schnitte sind die Markenzeichen ihres Labels Colorat. Für Natalia wie auch die Trägerinnen ihrer erschwinglichen Outfits ist das ein klares Statement für Individualität und feminines Selbstbewusstsein.

»Wir wollen mit unseren Sachen etwas verändern. Sie bereiten Freude und helfen den Leuten, offener und lockerer zu werden. Das passt gut zu unserer Stadt, die immer schöner und moderner wird«, findet die Designerin.

GUT GENUG FÜR KÖNIGE

Der Drang nach Unabhängigkeit und Freiheit gehört seit jeher zu den Tugenden der Hafenmetropole. Durch den Ostseehandel schon früh zu Reichtum gelangt, genoss die Freie Hansestadt und zweimalige Republik über Jahrhunderte viele Privilegien ihrer Schutzmächte, wie etwa der polnischen Monarchen, die oft und gern hier weilten und sich feiern ließen.

Von den goldenen Zeiten Danzigs künden auch die opulenten Hansehäuser in der Frauengasse. Die enge, autofreie Straße ist voller Läden und Lokale. Was heute hier verkauft wird, besteht zumeist aus Bernstein (s. Special S. 32).

SMARTE LÖWEN, AUCH PER APP

Der rekonstruierte Backsteinbau auf der Radaune-Insel barg im 14. Jh. Europas größten Produktionsbetrieb für Mehl und Malz – inklusive Lager und Bäckerei, von 18 Wasserrädern angetrieben. Neben der alten Wassermühle steht ein kleiner Löwe. Er trägt eine Brille und hat ein Smartphone in der Pfote, ist aus gegossener Bronze und etwa einen halben Meter hoch. Die Karre mit dem Mehlsack vor ihm spielt auf seinen Standort an. Auf diese Weise hilft das zeitgenössische Maskottchen Danzigs beim Orientieren in der City. Mittels der mobilen App »iLeo« erhält man Tipps und Infos. Inspiriert vom Wappentier der Stadt (das auf englisch »lion« heißt) sowie vom Namen des Danziger Bierbrauers und Astronomen Johannes Hevelius (1611 bis 1687), wurde das adrette Raubtier »Hewelion« genannt.

Über ein Dutzend Hewelions schuf bereits der Danziger Bildhauer Tomasz Radziewicz. Der älteste posiert am Zoo, einer der jüngsten vor dem Einkaufszentrum Madison Galerie – in mittelalterlicher Bürgermeisterrobe. Die Idee zu diesem Outfit lieferten archäologische Ausgrabungen, bei denen man die Reste eines hölzernen Rathauses aus dem 13. Jahrhundert fand. Die topmoderne City Mall liegt unmittelbar vor der Altstadt. Dass

UNSERE STADT WIRD IMMER SCHÖNER UND MODERNER.

Natalia Lipińska, Designerin

Gleich neben der
Marienkirche liegt
das Restaurant
Piwna 47.

Modemacherin Natalia Lipińska präsentiert ihre
Kollektionen im Colorat, ul.Grobla 5/7.

Viele coole Läden und Lokale wie das Fukafe hat das angesagte Grass-Viertel. Es liegt im Stadtbezirk Langfuhr (Wrzeszcz), wo sich Business, Shopping und Kultur besonders schnell entwickeln.

Forum Gdańsk: die jüngste und modernste Shoppingmall der Stadt.

Um das Museum des Zweiten Weltkriegs gibt es heftige Diskussionen, weil sich die politische Wetterlage in Polen zugunsten eines patriotischen Blicks auf die Geschichte verschoben hat. Das wirkt bis ins Museum hinein.

2017 eröffnete das Museum des Zweiten Weltkriegs. Den spektakulären, symbolträchtig gekippten Bau entwarf Kwadrat Studio Architektoniczne aus der Nachbarstadt Gdingen.

Das Museum des Zweiten Weltkriegs erinnert an an dessen Geschehnisse, seine Vorgeschichte und die Nachwirkungen.

Hunderte Paare verewigten sich mit einem Schloss am Geländer der Brotbrücke. Im Hintergrund: Große Mühle und Katharinenkirche.

jene im Zweiten Weltkrieg fast komplett zerstört und später wieder aufgebaut wurde, ist kaum zu glauben. Polnische Restauratoren und Bauleute haben hier wahre Wunder vollbracht. So reiht sich wie zu Danzigs besten Zeiten ein architektonisches Meisterwerk ans nächste und kündet von Macht und Reichtum seiner stolzen Bürger.

ERINNERN UND LERNEN

Widerstand nach außen wurde hier im Laufe der Epochen oft geleistet. Doch nie hatte solch ein Kampf mehr Auswirkungen auf die Weltgeschichte als der der Danziger Werftarbeiter und ihrer Gewerkschaft Solidarność zu Beginn der 1980er-Jahre. Ihre mutigen Streiks und Demonstrationen, mit denen sie sich gegen herrschende Zustände und schließlich das kommunistische System auflehnten, forderten viele Opfer. Doch sie entfachten einen politischen Flächenbrand. Der ganze Ostblock wurde davon erfasst. Am Ende standen freie Wahlen. Der Kommunismus in Europa war Vergangenheit.

Zum Gedenken an die historischen Ereignisse, ihre Helden und Orte, vor allem aber, um alles detailliert zu dokumentieren, wurde auf dem ehemaligen Werftgelände das Europäische Zentrum der Solidarność (ECS) errichtet. Das 2014

eröffnete Gebäude unweit der Altstadt umfasst das Museum des Gewerkschaftsbundes NSZZ Solidarność, ihr Zentralarchiv, Bibliothek und Bildungszentrum sowie das Büro des ehemaligen Staatspräsidenten und Solidarność-Führers Lech Wałęsa.

Im Mittelpunkt steht die multimediale Dauerausstellung »Wege zur Freiheit«. Sehr anschaulich wie auch künstlerisch anspruchsvoll gestaltet, vermittelt

sie Wissen auf sehr erlebnisreiche Weise. Großflächig, kreativ und farbenfroh wird das Thema Freiheit in rund 60 zeitgenössischen Wandmalereien an Hausfassaden im Danziger Wohnviertel Saspe (Zaspa) umgesetzt.

IM STRUDEL DER POLITK

Nur einen Kilometer vom ECS entfernt, auf einer Landspitze zwischen Radaunekanal und Mottlau, befindet sich seit 2017 ein weiterer Besuchermagnet: das Museum des Zweiten Weltkriegs. Dominiert wird das auffällige, vom Architekturbüro Kwadrat in Gdingen entworfene

Bauwerk von einem schräg aus dem Boden ragenden, etwa 40 m hohen Quader aus Glas und roten Steinen. Während der Turm die Zukunft symbolisieren soll, repräsentieren die unterirdischen Etagen, in denen sich die Hauptausstellung befindet, die Vergangenheit. Die offenen Flächen um das Gebäude herum stehen als Metapher der Gegenwart ungewollt wohl auch für die offenen politischen Fragen des kontroversen Projekts.

EIN HISTORISCHES MUSEUM WIRD ZUM POLITISCHEN STATEMENT.

Ab 2008 unter der Regierung Donald Tusk geplant, wurde das Ausstellungskonzept von einem internationalen Expertenteam unter Gründungsdirektor Paweł Machcewicz entwickelt. Laut ihm sollte es die Kriegsgeschehnisse vor allem aus Sicht der polnischen Zivilbevölkerung aufzeigen und in den europäischen Kontext einordnen. Unmittelbar nach der Eröffnung veränderte die nationalkonservative PiS-Regierung die Dauerausstellung per Personalwechsel Stück für Stück zugunsten eigener politischer Ziele. Den willkürlichen Eingriff erleichtert hatte eine Neufirmierung des Muse-

Marina an der Mott-lau vor dem schöns-ten Danziger Stadtpa-norama mit Krantor und Marienkirche.

ums durch Zusammenlegung mit dem eigens dazu geschaffenen Museum der Westerplatte.

Die sandige, von Wald bedeckte Halb-insel zwischen Ostsee und Hafenkanal am Rand des Danziger Hafens ist für das polnische Nationalbewusstsein von enor-mer Bedeutung. Der völkerrechtswidrige deutsche Angriff auf das hier befindliche Munitionslager der Republik Polen, das von wenigen polnischen Streitkräften eine ganze Woche tapfer verteidigt wurde, gilt als der Beginn des Zweiten Weltkrieges.

NEUE TÖNE AUF DER WERFT

Gearbeitet wird auf dem Territorium der alten Leninwerft, die einst viele tausend Menschen beschäftigte, immer noch. Ne-ben Schiffen baut der heutige private Werftbetrieb auch Teile für Windkraft-anlagen. In einem Teil des ehemaligen Betriebsgeländes erklingen heute ganz andere Töne, denn hier finden Techno-partys, Rockkonzerte und alle möglichen Events statt. Schon seit Jahren ein fester Bestandteil der Danziger Clubszene ist die Straße der Elektriker mit legendären Clubs wie dem B90, aber auch einer Salsa-Tanzschule.

Ganz in der Nähe wächst seit Kurzem die Containersiedlung 100cznia (sprich: Stotschnia – »Werft«) aus der unbebau-

Schatz aus dem Meer

Das »Gold der Ostsee«, fossiles Baumharz, das Jahrmillionen über-dauerte und heute größtenteils aus Tagebauen stammt, wird im Raum Danzig seit mehr als 7000 Jahren zu Schmuck und Kunsthandwerk ver-arbeitet, in der Souvenirindustrie heute leider auch zu jeder Menge Kitsch.

Das berühmteste Produkt war das sa-genumwobene Bernsteinzimmer für den russischen Zaren Peter I., das zu Beginn des 17. Jahrhunderts in Danzi-ger Werkstätten entstand.

Jüngste Sensation aus dem mariti-men »Edelstein« ist seit Ende des Jah-res 2017 der zu 50 Prozent daraus ge-fertigte Altar in der Brigittenkirche. Das über elf Meter hohe, tonnen-schwere Werk auf einer Gesamtfläche von 120 Quadratmetern wurde von dem Danziger Künstler Stanisław Radwański und dem Kunsthandwer-ker Mariusz Drapikowski geschaffen. Spektakuläre Stücke präsentiert auch das städtische Bernsteinmuseum (S. 42), neben einer im Harz eingeschlos-senen Minieidechse, Insekten oder Pflanzenteilen auch einen vier Kilo schweren braunen Brocken aus der Ukraine. Zu den gezeigten Verarbei-tungen aus allen Epochen gehören ferner Werke zeitgenössischer Desig-ner, darunter hochwertiger silberge-fasster Schmuck. Die ehemals im Stockturm befindliche Ausstellung ist in vergrößerter und modernisierter Form seit dem Sommer des Jahres 2021 in der Großen Mühle zu sehen.

Das 23 m hohe Denkmal auf der Westerplatte erinnert an den Beginn des Zweiten Weltkriegs, der genau hier am 1. September 1939 begann.

Ausflugsboote und Nachbauten historischer Segelschiffe schippern über die Mottlau, die mitten durch Danzig strömt.

Vorgänger der Festung Weichselmünde von 1562/1563 war ein Turm, der die Stadt zum Meer hin bewachen sollte. Wegen Restaurierungs- und Umbauarbeiten ist die komplette Anlage voraussichtlich bis 2024 für den Besucherverkehr gesperrt.

Die ehemalige Danziger Leninwerft ist in die Geschichte des Landes eingegangen als Brennpunkt der Umwälzungen in den Jahren 1970 und 1980. Heute ist der stillgelegte Teil des Hafengeländes ein vielbesuchter Erinnerungsort …

… und ein buntes Ausgehviertel. Im Nachfolgebetrieb der Leninwerft, in der einst über 17 000 Menschen arbeiteten, werden heute neben Schiffen auch Teile für Windkraftanlagen gebaut.

Das Drei-Kreuze-Denkmal am Solidarność-Zentrum erinnert an die Werftarbeiter, die 1970 bei den blutigen Unruhen getötet wurden.

Solidarność-Zentrum: Selfie vor dem Gewerkschaftsführer Lech Wałęsa, später Staatspräsident und 1983 Friedensnobelpreisträger.

MAN KANN NICHT MIT SCHLAGSTÖCKEN REGIEREN.

Lech Wałęsa (* 1943)

ten Fläche. »Hier stört es niemand, falls es mal ein bisschen lauter wird« sagt Kuba Lukaszewski, der 2017 ein Stückchen davon pachtete und ausgediente Schiffscontainer darauf stellte. Zusammen mit seiner Partnerin Alicja Jabłonowska und vielen Freunden baute der gelernte Soundtechniker sein soziokulturelles Traumprojekt daraus. Es finden Konzerte, Workshops, Basketballturniere und Familienstraßenfeste statt.

ENTSPANNT GENIESSEN

Mittlerweile hat die Kistenburg schon zwei Etagen. Es gibt eine Streetart-Galerie und eine Fahrradwerkstatt, Läden für Tattoos, Designerschmuck und -mode. Vor dem Öko-Info-Center sprießen wilde Kräuter, Kohlrabi und Salat aus alten Fässern. Der große, offene Kasten in der Mitte ist die Bühne. Vis-à-vis kann man der überwiegend chilligen Musik relaxt auf Liegestühlen lauschen. Den freien Platz dazwischen flankiert der Foodcourt, der ebenfalls aus einzelnen Containern besteht. Die Mieterauswahl ist sehr streng. »Hier gibt es nur gutes, handgemachtes Streetfood, ausgewählte Getränke, keinen harten Alkohol«, begründet Kuba, der die entspannt-genießerische und kommunikative Atmosphäre unbedingt erhalten will. Das wirklich buntgemischte Publikum lässt

keinen Zweifel daran, dass das Konzept des 100cznia trotz aller Kanten eine runde Sache ist. Die Elemente für die nächsten Räume stehen schon bereit.

THEATER UNTER STERNEN

Die Boxen-Optik findet man in Danzig auch an einem Ort der Hochkultur. Im Zuschauerraum des Shakespeare-Theaters spielt sie, dem elisabethanischen Vorbild folgend, mehr als nur eine Nebenrolle. Denn im Gegensatz zu klassischen italienischen Spielhäusern bezieht das englische Public Playhouse das Publikum mit ein. Für die enge Verbindung zu den Schauspielern sorgen die Galerien, die sich an drei Seiten der Bühne in drei Etagen über ihr erheben.

Entworfen von dem Venezianer Renato Rizzi, wurde der moderne, nach außen streng und dunkel wirkende Bau im Jahre 2014 dort errichtet, wo von 1611 bis ins frühe 19. Jahrhundert das erste Shakespeare-Theater außerhalb Großbritanniens stand. Dieses wurde damals noch als Fechtschule und für die Aufführung englischer Renaissance-Stücke genutzt. Der Clou des heutigen Hauses ist sein aufklappbares Dach, das sich je nach gespieltem Stück und Wetterlage innerhalb von drei Minuten öffnen oder schließen kann. Hohe Bühnenkunst unter dem freien Himmel von Danzig.

Polnische Küche

ROTE BETE UND VIEL SAHNE

Wer gerne deftig isst, kann in Polen nach wie vor auf seine Kosten kommen. Im Trend jedoch liegt Slow Food – gekocht aus regionalen Produkten, gewürzt mit Tradition und jeder Menge Kreativität.

Barszcz und Bigos, Flaki und Pierogi heißen die Gerichte, die jeden noch so hippen, weltgewandten Polen sofort an seine Kindheit und Omas Kochkunst denken lassen. Vergessen hatte man die alten Schätze nie. Vielmehr wurden sie verdrängt. Bot doch die Zeit nach Kommunismus-Ende viel Gelegenheit für kulinarische Entdeckungen von anderswo. Inzwischen gibt es junge Köche, die Krautschmortöpfe, Kuttelsuppe und ihr ganzes Erbe neu entdecken und mit Leidenschaft, Geschick und Kreativität zum trendbewussten Slow Food machen.

EIN ESSEN ERZÄHLT

Wenn die Piwna 47 leer ist, wirkt sie fast ein wenig trist mit ihren schlichten Möbeln. Doch das ist Absicht. Denn komplett ist die moderne Ess- und Trinkbar in Danzigs Altstadt erst mit ihren Gästen. In jedem Outfit bringt sie das graue Holz des Interieurs zur Geltung ebenso wie die servierten Speisen. Ob die von Rahm und Roter Bete leuchtend pink ge-

Mit Stiefmütterchenblüten verziert und attraktiv angerichtet, schmeckt jedes Gericht nochmal so gut.

färbte kalte Sommersuppe mit Stiefmütterchenblüten oder der gebackene Zander, dessen knusprige Haut golden glänzt: Alles sieht so schön aus, dass man sich fast kaum traut, es mit Löffel, Gabel oder Messer zu zerstören. Gleichzeitig baut Marcin Faliszek wie viele Küchenchefs in Pommern auf unbedingte Frische und Regionalität. »Wir wollen unseren Gästen die Geschichte jedes Essens genau erzählen können«, sagt er. Darum sei es wichtig, die Herkunft der Produkte gut zu kennen. Die allermeisten stammen von Erzeugern aus der Gegend. »Das hilft, kleine Landwirtschaftsbetriebe

zu erhalten, und schont obendrein die Umwelt, weil die Wege kurz sind«, so der junge Koch. Sein Anspruch entspricht dem von Slow Food. Die 1989 von dem Italiener Carlo Petrini initiierte internationale Bewegung für gute, saubere und faire Gastronomie hat in Polen festen Fuß gefasst.

BODENSTÄNDIG, WELTGEWANDT

Die Organisation »Gdansk-Pomorskie Kulinarisches Prestige« vereint Gastronomen, die nach dem Konzept von Slow Food arbeiten und ihre Angebote gemeinsam vermarkten. Einer der führenden Köpfe ist Grzegorz Labuda,

Junger Stil, flotte Einrichtung, Slow Food Philoso-
phie: das Piwna 47.

Gasthausbrauerei Warmia in Allenstein.
Unten: Pension Fajne Miejsce in Lokau
(Tłokowo) bietet vegane Kochkurse.

Küchenchef im Luxushotel Haffner, Zoppot, sowie im 2019 eröffneten, eigenen Restaurant Chmielna, Danzig. »Seit meiner Kindheit koche ich und experimentiere mit Lebensmitteln«, erzählt der 44-Jährige, der sein Handwerk einst bei Frankreichs Starkoch Alain Ducasse lernte. Heute zählt er zur Kochelite Polens. Sein Leibgericht sind Matjes mit Kartoffeln. „In der Fangzeit genießen wir in Polen den jungen Hering vor allem mariniert«, sagt Labuda. Ganz gleich, ob Fisch, Gemüse oder Fleisch: Wichtig sei es, dass in erster Linie alles nach sich selber schmecke. Ihm als Koch obliege das Verfeinern. »Darum müssen die Produkte einfach gut sein«, beteuert er. Immer wieder stöbert er nach alten pommerschen und polnischen Rezepten, um sie mit eigenen Ideen zu neuem Leben zu erwecken.

KEINE ZEIT FÜR OBERFLÄCHLICHKEIT

Genügend Stoff zum Ausprobieren bietet für Labuda die reiche Küche seines Landes. Mischten sich doch hier im Laufe wechselvoller Zeiten polnische, jüdische und deutsche, litauische und ukrainische, ja selbst tatarische Ess- und Küchentraditionen. Einflüsse aus dem Orient kamen durch den Handel mit Gewürzen. Für Koch-Know-how aus westlichen Kulturen sorgte der Kontakt der Klöster sowie ab 1518 Polens Königin Bona Sforza, die aus Italien stammte. Unter dem Aufklärer Stanislaus II. August Poniatowski gelangten im 18. Jh. Rezepte aus Frankreich nach Polen.

Gute polnische Hausmannskost nach französischer Art bereitet der frankreicherfahrene Koch Mateusz Janusz im Musik-Wein-Lokal Canis zu. Die ursprünglich aus der Ukraine stammenden, guten alten polnischen Pierogi (gefüllte Teigtaschen) erleben – etwas asiatisch aufgebrezelt – in der Pierogarina Mandu eine Renaissance. Wiedererweckte polnische Gastrokultur sind die als »Milchbar« (Bar mleczny) bezeichneten Selbstbedienungslokale, die es bereits vor über 100 Jahren gab. Während des Sozialismus fand hier gesellschaftliches Leben statt.

Dass nicht nur große Städte Bedarf an Slow Food haben, beweisen viele wunderbare Lokale im ganzen Land. Im Masurendörfchen Kadzidlowen bringt die »Oberża pod Psem« die Maxime der neuen polnischen Esskultur auf den Punkt. An der Tür des wohnzimmergroßen Restaurants stehen die Worte: »Wir haben keine Zeit für Leute, die keine Zeit haben.«

Informationen

. . . .

Danzig:
Canis Music & Wine (€€€)
www.restaurant-canis.pl
Restauracja Chmielna by Grzegorz Labuda (€€€)
https://restauracjachmielna.pl/
Pierogarnia Mandu Gdańsk Główny (€)
www.pierogarnia-mandu.pl
Piwna 47 Food & Wine Bar (€€€)
www.piwna47.com

Ruczanny (Ruciane-Nida):
Oberża Pod Psem (€€)
www.oberzapodpsem.com.pl

Die junge Kochmannschaft im Restaurant Canis in Danzig steht für einfallsreiche Küche

HANSEHÄUSER UND CONTAINER

Mit jeder renovierten historischen Fassade wird Danzig noch ein wenig schöner. Auf der wieder bebauten Speicherinsel kehrte frisches Leben ein. Im alten Werftgelände setzt das Museum des Zweiten Weltkrieges neue architektonische Maßstäbe. Danzig ist immer in Bewegung.

Allgemeines

Danzig (Gdańsk) ist die sechstgrößte Stadt (470 000 Einw.) Polens, Hauptstadt der Woiwodschaft Pommern und bildet zusammen mit Gdingen und Zoppot die sogenannte Dreistadt (Trójmiasto, 750 000 Einw.). Sie verfügt über den bedeutendsten Seehafen des Landes.

INFORMATIONEN
Centrum Informacji Turystycznej
ul. Długi Targ 28/29, 80-830 Gdańsk
Tel. 058 301 43 55, www.visitgdansk.com

Sehenswert

Die Prozessionsstrecke der poln. Monarchen war der »Königsweg« TOPZIEL. Er führt vom ❶ **Hohen Tor** (Brama Wyżynna, 16. Jh.), neben dem sich das **Peinkammertor** (Katownia, 14. Jh.) und der gotische **Stockturm** (Wieża Więzinna, 14. Jh.) befinden, durch das manieristische Langgasser oder **Goldene Tor** (Brama Złota, 17. Jh.) über die **Langgasse** (ul. Długa) und den ❷ **Langen Markt** (Długi Targ) bis zum ❹ **Grünen Tor** (Brama Zielona, 16. Jh.). Gesäumt wird der Weg von wunderschönen Patrizierhäusern wie dem **Uphagenhaus** (Kamiencia Uphagena, 1776) oder dem **Artushof** (Dwór Artusa, 1478/81) mit seiner Fassade im Stil von Renaissance (1552) und Manierismus (1617). Das Innere des **Repräsentationspalastes** und »Klubs« der reichen Hanse schmückt u. a. Europas größter Kachelofen (16. Jh.), ein 10 m hohes Kunstwerk aus 520 handgefertigten Kacheln. Davor steht seit 1633 der **Neptunbrunnen**. Überragt wird die komplette Altstadt vom Turm (1486/88, 81 m) des ❸ **Rechtstädtischen Rathauses** (Ratusz Głównego Miasta, 1346–15. Jh.), der auch ein Glockenspiel beherbergt. Bekrönt wird das vom Stil des Manierismus geprägte Gebäude von einer vergoldeten Statue Königs Sigismund II. August. Sein Großer oder Roter Saal (erstellt 1593–1608) gilt als einer der schönsten seiner Art. Kunsthistorisches Highlight ist seine Deckengestaltung, in deren Mittelpunkt das Gemälde »Apotheose von Danzig« steht. Fortgesetzt wird der Parcour entlang der Mottlau (Motława) auf der Uferstraße **Lange Brücke** (Długie Pobrzeże), die man durch das **Brotbänkertor** (Brama Chlebnicka, 15. Jh.) mit Danzigs ältestem Wappen betritt. Dominiert

Nobles Interieur im Uphagenhaus (o.l.); Blick auf die Königliche Kapelle (o.r.), der Lange Markt mit seinen auffallenden Bürgerhäusern (u.).

wird die Uferstraße mit Blick auf den Fluss mit seinen Schiffen und die neubebaute Speicherinsel (Wyspa Spichrzów) durch das imposante ❺ **Krantor** (Brama Żuraw, 1444, 31 m), Danzigs Wahrzeichen. Mittels Treträdern, me st von Gefangenen betrieben, wurde das Doppelhebewerk bewegt. Bis zu vier Tonnen schwere Lasten konnte das 10 cm dicke Hanfseil bis auf 27 m Höhe heben. Durch das ❻ **Frauentor** (Brama Mariacka, 15. Jh.) gelangt man in die **Frauengasse** (ul. Mariacka). Auch hier reiht sich ein prachtvolles Bürgerhaus ans andere. Besonderheit der schmalen, hohen Bauten sind ihre Beischläge – erhöhte Hauseingänge mit kleinen Treppen, Geländern und Terrassen. Vollgestopft mit Bernsteinschmuckboutiquen, Pubs, Cafés und Restaurants, endet die schmale Straße an der gewaltigen gotischen ❼ **Marienbasilika** (1346–1506), eine der größten Backsteinkirchen der Welt und dank ihrer opulenten Ausstattung eine der reichsten im Ostseeraum. Der 77 m hohe Turm verfügt über eine Aussichtsplattform, die man über 409 Stufen erreicht. Da sie wie alle Kirchen Danzigs Ende des 17. Jh. protestantisch war,

spendete Johann III. Sobieski Geld für den Bau eines kleinen Gotteshauses für die verbliebenen Katholiken. So entstand 1678/81 gleich daneben die barocke **Königliche Kapelle** (Kaplica Królewska). Vor ihrem Eingang sprudelt seit 2009 der von vier Bronzelöwen bewachte **Brunnen der vier Stadtviertel** (Fontanna czterech kwartałów). Prächtigster Profanbau im Stil des flämischen Manierismus ist das ❽ **Große Zeughaus** (Wielka Zbrojownia, 1602/1605) am Kohlenmarkt (Targ Węgowy), inspiriert von den Fleischhallen in Haarlem. Heute ist das einstige Arsenal Sitz der Kunsthochschule. Vom gleichen Architekten, Anton van Obberghen, stammt neben vielen Patrizierhäusern auch das ❾ **Altstädtische Rathaus** (Ratusz Starego Miasta, 1587/95), das **Peinkammertor** sowie das manieristische **Haus der Drei Prediger** (Dom Trzech Kaznodziei, 1599 bis 1602). Dort wohnten die Geistlichen der benachbarten ❿ **Katharinenkirche** (Kościół Św. Katarzyny, urspr. 1227/39, ul. Katarzynki). Sie ist Danzigs ältestes Gotteshaus und letzte Ruhestätte von Johannes Hevelius. Mehrfach erweitert und umgebaut, krönt den Turm (76 m,

Shakespeare-Theater (o. l.), Denkmal für Günter Grass (o. r.) und Bernsteinmuseum, das 2021 vom Stockturm in die Große Mühle umzog (u.).

Sitz des Turmuhrenmuseums) eine barocke Haube (1634). Das 1989 installierte Carillon besteht seit 2013 aus 50 Glocken. Die jüngste und größte wiegt allein 2835 kg, alle zusammen 17 115 kg. Gleich gegenüber steht die **Brigittenkirche** (Kościół Św. Brygidy, 14. Jh.). Bekannt wurde sie in den 1980er-Jahren als Treffpunkt der Solidarność-Bewegung. Dem Andenken der bei den Protesten von 1970 getöteten Werftarbeiter ist ein 11 m hoher, tonnenschwerer Bernsteinaltar gewidmet. Folgt man dem Radaunekanal, gelangt man zur **Großen Mühle** (Wielki Mlyn, 1350) mit dem **Bernsteinmuseum** und dem **Haus der Pelpliner Äbte** (Dom Opatów Pelplińskich, ul. Elżbietańska 3). In der Nähe stehen die **Josephskirche** (Kościół pw. św. Józefa, 15. Jh., ul. Elżbietańska 9/10) sowie die **St.-Elisabeth-Kirche** (Kościół pw. św. Elżbiety, 1417, ul. Elżbietańska 1). Die zum Kloster gehörende gotische ⑪ **Nikolaikirche** (Kościół Św. Mikołaja, 13. Jh.) direkt daneben war das einzige Gebäude in Danzig, das den Zweiten Weltkrieg unbeschadet überstand. Einem großen Bleistift ähnelt mit seinem achteckigen Grundriss und spitzem Ziegeldach der Wehrturm **Kiek in de Kök** (Baszta Jacek, Ende 14. Jh., 36 m) am Altstädtischen Graben (Podwale Staromiejskie). Er war Teil des mittelalterl. Befestigungsrings um die Rechtstadt. Die got. ⑫ **Johanniskirche** (Kościół Św. Jana, 14. Jh.) ist heute Sitz des Ostsee-Kulturzentrums (Nadbałtyckie Centrum Kultury). Hier werden Messen auch in kaschubischer Sprache gefeiert.

Museen

Das ⑬ **Nationalmuseum** zeigt Kunst und Kunsthandwerk aus Danzig und dem östl. Pommern, darunter das monumentale Triptychon »Das Jüngste Gericht« (um 1470) von Hans Memling und eine umfangreiche Sammlung von Werken des »Malers von Danzig«, Anton Möller (1563–1611). Neben dem Hauptgebäude (ul. Toruńska 1, Tel. 058 301 68 04, Di.–So. 11.00 bis 18.00 Uhr, www.mng.gda.pl) im ehem. Franziskanerkloster (15./16. Jh.) betreibt es u. a. Abteilungen im Grünen Tor sowie im Äbtepalast nebst Kornspeicher im Stadtteil Oliva. Im ③ **Rechtstädt. Rathaus** befindet sich die hist. Abteilung des **Danziger Museums** (Ratusz Głównego Miasta, ul. Długa 46/47, Tel. 058 573 31 28, tgl. 10.00–19.00 Uhr, www.muzeum

gdansk.pl), das folgende Zweigstellen mit gleichen Öffnungszeiten umfasst: **Bernsteinmuseum** (Wielkie Mlyny 16), Uphagenhaus (ul. Długa 12), Artushof (ul. Długi Targ 43/44), Museum der Polnischen Post (pl. Obrońców Poczty Polskiej 1/2), **Museum der Wissenschaft** (ul. Profesorska 3) und **Wasserschmiede** (ul. Bytowska 1a). Ebenfalls zum Danziger Museum gehören die **Westerplatte** (Mai–Sept. 10.00–16.00 Uhr) und die **Festung Weichselmünde**, die wegen Sanierung bis 2024 geschlossen ist. Hauptsitz des ⑭ **Nationalen Meeresmuseums** sind die Speicherhäuser auf der Bleihofinsel (Narodowe Muzeum Morskie, ul. Ołowianka 9/13, Tel. 058 301 86 11, Febr.–April, Sept.–Dez. Di.–So. 10.00–16.00, Mai–Juni Di.–So. 10.00 bis 16.00, Juni–Aug. tgl. 11.00–18.00 Uhr, www.nmm.pl). Der frisch restaurierte Erz- und Kohlefrachter »Sołdek« (1949) ist das erste nach dem Zweiten Weltkrieg in Polen gebaute Schiff. Er gehört genauso zum Museum wie das derzeit nicht zugängliche ⑤ **Krantor** (Żuraw) und daneben das **Zentrum für Maritime Kultur** (ul. Tokarska 21/25, Eingang Fischbrücke). Das ⑥ **Archäologische Museum** (ul. Mariacka 25/26, www.archeologia.pl) im Haus der Naturforscher ist bis auf Weiteres wegen Renovierung geschlossen. Geöffnet ist die Filiale »Blaues Lamm«" in einem Kornspeicher des 16. Jh. (ul. Chmielna 53, Tel. 058 320 31 88, Di., Do.–So. 10.00–18.00, Mi. 12.00–20.00 Uhr). Das ⑮ **Europäische Zentrum der Solidarität** ist Archiv, Museum, Bibliothek und Bildungszentrum (pl. Solidarności 1, Tel. 058 772 41 12, Mo.–Fr. 10.00–19.00, Sa./So. 10.00–20.00 Uhr, www.ecs.gda.pl). Das ⑯ **Museum des Zweiten Weltkriegs** TOPZIEL ist ein architektonisches Kunstwerk mit streitbaren Inhalten (Muzeum II Wojny Światowej, pl. Władysława

Bartoszewskiego 1, Tel. 058 760 09 60, Di.–So. 10.00–20.00 Uhr, www.muzeum1939.pl).

Ausgehen

THEATER

Die **Ostsee-Oper** (Opera Bałtycka, al. Zwycięstwa 15, Tel. 058 763 49 12/13, www.opera-baltycka.pl) befindet sich im Stadtteil Aller Engel (Aniołki). Zu einer modernen Konzerthalle der **Ostsee-Philharmonie** wurde das ehem. Heizwerk auf der Bleihofinsel ausgebaut (Polska Filharmonia Bałtycka im. Fryderyka Chopina, ul. Ołowianka 1, Tel. 058 320 62 62, www.filharmonia.gda.pl).
Die aufregendsten Aufführungen im 2014 eröffneten ⑰ **Shakespeare-Theater** TOPZIEL (Gdański Teatr Szekspirowski, ul. Wojciecha Bogusławskiego 1, Tel. 058 351 01 51, www.teatr szekspirowski.pl) gibt es im Sommer, wenn das Dach geöffnet werden kann. Das Theater am Kohlenmarkt, heute »**Küstentheater**« (Teatr Wybrzeże, ul. Świętego Ducha 2, Tel. 058 301 70 21, www.teatrwybrzeze.pl) entstand um 1800 und wurde 1962/66 umgebaut.

CLUBS

Vielseitigster Veranstaltungsort auf dem Gelände der alten ⑮ **Werft** ist der sozio-kulturelle Container-Club **100cznia** (sprich: Stotschnia – »Werft«) mit Bühne, Kursräumen und Foodcourt (ul. Popiełuszki 5, Tel. 0602 37 81 30, www.100cznia.pl). Bereits eine Institution in Sachen Party (Alternative, Rock, Metal, Punk, Electronic, Jazz) ist der von dort 4 min zu Fuß entfernte Klub **B 90** in der Straße der Elektriker (ul. Elektrykow, www.b90.pl). 200 m weiter lädt

Tipp

Abenteuer Wissenschaft

....

Woher kommt das Licht? Wie entsteht ein Tsunami? Wie groß ist das Weltall? Fragen wie diesen können Kinder mit multimedialer Hilfe und spannenden Experimenten im **Hewelianum** nachgehen. Die interaktiven Ausstellungen dieses Zentrums für Bildung und Wissenschaft sind lehrreich und unterhaltsam zugleich. Die nach dem Danziger Gelehrten Johannes Hevelius benannte Einrichtung befindet sich in einem historischen Gebäude innerhalb der ehemaligen Festung auf dem Hagelsberg nahe dem Hauptbahnhof. Aus 46 m Höhe hat man dort einen tollen Blick über die Stadt.

INFORMATION
ul. Gradowa 6, Tel. 058 742 33 52, tgl. 10.00–18.00 Uhr, Sept.–Juni Di.–Fr.

das **Plener 33** zum gemeinsamen Essen und Feiern ein. Die coole neue Location bietet Kultur und Streetfood in einer alten Werfthalle und davor (ul. Narzędziowców). Mit spannenden Projekten verbindet all diese Orte im August das genreübergreifende **ECS- Kunstfestival** (www.solidarityofarts.pl).

VERANSTALTUNGEN

Bevor Ende Juli Polens größtes Volksfest, der **Dominikanermarkt** (www.jarmarkdominika.pl), startet, finden zwei internationale Events statt: die Segelregatta **Baltic Sail** (www.baltic-sail.info) und das Straßentheater-Festival **FETA** (www.feta.pl).

Hotels

Zwei topmoderne 4-Sterne-Hotels auf der Speicherinsel sind das €€ **Qubus** (ul. Chmielna 47/52, Tel. 058 752 21 00, www.qubushotel.com/pl) und das €€€ **Puro** (ul. Stągiewna 26, Tel. 058 563 50 00, www.purohotel.pl). Auf der Bleihofinsel neben der Philharmonie befindet sich das €€€ **Hotel Królewski** (ul. Ołowianka 1, Tel. 058 326 11 11, www.hotel krolewski.pl).

Restaurants

Direkt im Solidarność-Zentrum liegt das Restaurant €€ **Amber Side** (pl. Solidarności 1, Tel. 0695 80 90 99, www.amberside.pl). Ein Sushi-Restaurant mit japan. Zertifikat ist das €€ **New Kansai** (ul. Jana Heweliusza 13, Tel. 057 584 70 00, www.newkansaisushi.pl). Kultstatus nicht nur bei Danziger Intellektuellen und Szenegängern genießen das €€ **Café Ferber** (Bread & Wine by Ferber, ul. Długa 77/78, Tel. 0791 010 005) sowie das Künstlercafé € **Drukarnia** (ul. Mariacka 36, Tel. 0510 087 064, www.drukarniacafe.pl).

Einkaufen

Die dreistöckige **Markthalle** (Hala Targowa, pl. Plac Dominikański 1, Mo.–Fr. 8.00–18.00, Sa. 8.00–15.00, So. 9.00–15.00 Uhr) entstand im 19. Jh. an Stelle des Dominikanerklosters, dessen Fundamente man im Erdgeschoss noch sehen kann. Jüngste Mall ist das 2018 eröffnete **Forum Gdańsk** (Targ Sienny 7, Tel. 058 732 61 20, tgl. 9.00–21.00 Uhr) am Radaune-Kanal. Ein Drittel des Grundstücks nehmen Grünflächen ein. Zwischen Altstadt und Hauptbahnhof liegt die **Madison Shopping Gallery** (Mo.–Sa. 10.00–21.00, So. 10.00–20.00 Uhr, ul. Rajska 10, Tel. 058 766 75 75, www.madison.gda.pl) mit rund 100 Geschäften, Service- und Freizeiteinrichtungen. Im Stadtteil Langfuhr (Wrzeszcz), unweit des „Günter-Grass-Viertels", befinden sich die **Mall Manhattan** (al. Grunwaldzka 82, www.gchmanhattan.pl) und die **Galeria Bałtycka** (al. Grunwaldzka 141, www.galeriabaltycka.pl), mit 215 Läden und 25 Lokalen größtes Einkaufszentrum der Dreistadt (beide: Mo.–Sa. 9.00–21.00, So. 10.00–20.00 Uhr).

TRIP MIT DER WASSERTRAM

Ohne Verkehrsstau, dafür mit frischer Luft und schöner Aussicht bewegt man sich mit den flachen, blau-weißen Schiffen der Wasserstraßenbahn auf Mottlau, Toter Weichsel und Kaschubischem Kanal durch Danzig. Bis zur Ostsee etwa dauert es damit von den Anlegern der City nicht länger als ein paar Möwenflügelschläge.

Die blaue Linie F6 pendelt zwischen Fischmarkt (Targ Rybny) und Nationalem Segelzentrum. Mit F5, der roten Linie, gelangt man – das Werft- und Hafenareal durchquerend – bis zur Westerplatte und dem Leuchtturm. An der Haltestelle vorher liegt die Festung Weichselmünde (Twierdza Wisłoujście). Das Aussehen einer Ritterburg verdankt sie dem dicken hohen Turm, der aus ihrer Mitte ragt. Bis 1758 war er als Leuchtturm in Betrieb. Von hier aus wurde der Schiffsverkehr kontrolliert und der Zugang zum Danziger Hafen verteidigt.

Eine kleine Ausstellung informiert über die Geschichte, die bis ins Mittelalter zurückreicht. Da Teile des Forts von einer großen Kolonie seltener Fledermäuse bewohnt wird, ist es zugleich ein Naturschutzgebiet.

Die **Wassertram** (Tramwaj wodny, 1. Mai–30. Sept.) bietet 40 Passagieren und 5 Fahrrädern Platz.
Tickets zu 10 (erm. 5) zł gibt es an Bord bzw. vor Zustieg am Schiff
Fahrplan: www.ztm.gda.pl

Festung Weichselmünde: ul. Stara Twierdza 1, Tel. 0512 418 731
Öffnungszeiten: 4. Mai–15. Juni und Sept. 10.00–16.00, 16. Juni–31. Aug. 10.00–18.00 Uhr
Eintritt: 15 (erm. 7) zł.

Die Fahrt mit der Wassertram bietet sich an, um Danzig einmal aus einer ganz neuen Perspektive zu erkunden.

Pommern

*

SCHIFFE, SEEN, KARIERTE HÄUSER

*

Sonne, Meer und Seeluft: Die Ostseestrände Pommerns sind ein Traum. Baden kann man auch im Landesinneren, vor allem in den Seen und Kanälen in der Kaschubischen Schweiz. Wer in Gdingen genug Schiffe gesehen und in Zoppot eine Bernstein-Massage ergattert hat, kann in Leba mit den Wanderdünen wandern gehen.

Besonders heller Sand, feinkörnig und fast seidenweich, dazu die Ostsee in ihrer ganzen Schönheit. Wo? Im Slowinzischen Nationalpark zwischen Stolpmünde (Ustka) und Leba (Łeba).

Rechts: Was für ein herrliches Schiff liegt hier im Hafen von Gdingen vor Anker? Der Dreimaster »Geschenk der Jugend« (Dar Młodzieży) ist ein polnisches Segelschulschiff für angehende Offiziere der Handelsmarine.

Unten: Es muss nicht immer Bäderarchitektur sein. Das zeigt das »Schiefe Häuschen« an Zoppots Flaniermeile Monte Casino im Zentrum der Ostseestadt.

Links: Diese Kadetten lernen ihr Handwerk auf der Dar Młodzieży. Das 1981 auf der Danziger Leninwerft gebaute Segelschulschiff hat in den Jahren 1986/87 erfolgreich die Welt umsegelt. Es gehört der Seefahrt-Universität in Gdingen, wo auch sein Heimathafen liegt.

Klucken (Kluki) liegt im Slowinzischen Nationalpark nahe der Ostseeküste. Hauptattraktion ist das Freilichtmuseum, wo im Museumsdorf ...

...neben Reusen flicken viele andere alte Handwerke demonstriert werden sowie das Leben in der Zeit vor der umfassenden Industrialisierung.

Orgeltöne locken Parkbesucher in die Kathedrale von Oliva (Oliwa). Mit großer Klangkraft erfüllt das 230-jährige Instrument den hohen, fast 100 Meter langen Innenraum der Basilika. Dass es sich ab und an ein wenig schief anhört, verzeiht man ihm aus Altersgründen. Zudem sind alle angetan von den Engelschorfiguren, die das Orgelspiel bewegt.

POLENS SCHICKSTES OSTSEEBAD

Bekannt vor allem durch sein Zisterzienserkloster, steht Oliva heute für entspanntes Wohnen mit viel Grün. Direkt hinter ihm liegt Zoppot (Sopot), Polens schickstes Ostseebad. Bereits 1823 eröffnete der elsässische Arzt Johann Georg Haffner (1775–1830) in dem ehemaligen Fischerdorf das erste Strandbad mit Sanatorium. Neben seiner schönen und dazu windgeschützten Lage schätzte man es wegen des Wassers, das hier etwas wärmer und deutlich salzärmer als in der westlichen Ostsee ist.

Bis heute wird die Stadt geprägt durch Kurhotels und -häuser. Den besten Blick auf die mondäne Skyline hat man von der 511 Meter langen Seebrücke (Molo). Wer ihrer Achse Richtung City folgt, durchquert »Monciak«, die Fußgängerzone Bohaterów Monte Cassino, in der sich ein Lokal ans nächste reiht.

Für optische Verwirrung sorgt mittendrin das Schiefe Häuschen, bei dessen Konstruktion auf rechte Winkel und gerade Linien strikt verzichtet wurde. Läuft man immer geradeaus, erreicht man die Waldoper (Opera Leśna). Das Freilichttheater mit Platz für über 5500 Zuschauer und 100 Orchestermusiker ist Austragungsort vieler Konzerte und des Sopot Festivals, das Stars aus aller Welt an Polens Ostseeküste bringt.

STADT DER WERFTEN

Ereignisse, die wahrhaftig hohe Wellen schlagen, bietet Gdingen (Gdynia) gleich nebenan. Denn hier dreht sich alles um die Seefahrt. Die Heimatstadt der polnischen Marine, Standort einer großen Werft, mehrerer Häfen und Reedereien, kümmert sich gleich mit zwei Hochschulen um den seemännischen Nachwuchs. Und selbst, wenn keine Regatten stattfinden, sieht man hier immer Schiffe in Bewegung oder vor Anker liegen. Zwei davon kann man als Museen am südlichen Pier besichtigen: den Zerstörer ORP Błyskawica aus dem Zweiten Weltkrieg und den 1909 gebauten Großsegler »Geschenk Pommerns« (Dar Pomorza). Sein Kauf war einst durch Spenden der Bevölkerung finanziert worden

DAS LAND AM MEER

Po more – »Land am Meer« – nannten die alten Ostseeslawen ihre Heimat, die

IN GDINGEN, HEIMAT DER MARINE, DREHT SICH ALLES UM DIE SEEFAHRT.

von der Küste bis zu 200 Kilometer ins Binnenland reichte. Eingedeutscht zu »Pommern«, stand der Name im Verlaufe der Geschichte für das Herzogtum der Greifendynastie und spätere Provinz von Preußen. Die Oder trennte Vorpommern vom östlich davon liegenden Hinterpommern, das seit Ende des Zweiten Weltkrieges zu Polen gehört. Heute teilen es sich zwei Regierungsbezirke: Westpommern und Pommern.

BEI DEN KASCHUBEN

Über große Teile der Woiwodschaft Pommern erstreckt sich die Kaschubei. Benannt ist die Kulturlandschaft nach einem westslawischen Volk, das weitest-

Strand von Leba: Strandkörbe sind eine feine Erfindung, schützen vor Sonne, Wind und neugierigen Blicken.

gehend mit dem polnischen zusammengewachsen ist. »Gduńsk« – wie die Kaschuben Danzig nennen – betrachten sie als ihre Hauptstadt. Viel mehr von ihnen leben allerdings in Gdingen.

Die Grenze des Kaschubenlandes ist nur schwer zu definieren. Während sie im Westen etwa zwischen Stolp (Słupsk) und Hammerstein (Czarne) verläuft, reicht sie im Süden bis zur Tucheler Heide (Bory Tucholskie), dem größten Waldgebiet in Polen. Im Osten endet sie in etwa, wo die Pommersche Seenplatte auf die Danziger Niederung stößt.

HÖLLENWEG INS PARADIES

Nördlich zieht sich die Kaschubei bis an die Ostseeküste und über Hela (Hel). Neben schönen Badestränden (S. 74/75) bietet die superschmale Halbinsel sehr gute Bedingungen für Kitesurfer (S. 61) und Taucher. Die beliebte Landzunge ist in der Ferienzeit wie viele Orte an der Küste oft überfüllt. Die Zugangsstraßen leiden an Verstopfung. Für Einheimische wird der »highway to Hel« deshalb nicht selten zum »highway to hell«. Paradiesisch bleibt es dort trotzdem.

Tolle Kulissen für einen Strand- und-Waldspaziergang bieten Helas Dünen. Auf immerhin knapp 13 Meter schafft es die höchste. Um ein Vielfaches davon wachsen die Sandberge des Slo-

Special

Dünen von Leba

Wunderland aus Wandersand

Kurz hinter Leba führt der rot markierte Waldweg nach Rumbke (Rąbka). Von einem zwölf Meter hohen Aussichtsturm überblickt man weite Teile des Parks wie den Lebasee (Jezioro Łebsko), die Wanderdünen, Wälder, Moore und im Hintergrund das offene Meer.

Nach etwa acht Kilometern lichtet sich der Küstenwald – und der Wanderer steht plötzlich in der Wüste. Vor ihm liegt die Lontzkedüne (Łącka Góra), die mit rund 42 Metern höchste Düne im mittleren Europa. Ihr Sand ist heiß und strahlend hell. Immer wieder neue Muster malt der Wind hinein.

Je nachdem, wie stark er den Pulverberg bewegt, wandert der mehr oder weniger weit landeinwärts – zwischen zwei und zwölf Metern jährlich. Rücksichtslos begräbt er dabei alles unter sich, was ihm im Wege steht. Von vielen Kiefern oder Birken schauen nur noch Spitzen aus dem Sand. Wie Ertrinkende recken die erstickten Bäume hilflos ihre kahlen Äste in die Höhe.

So dicht bevölkert der Slowinzische Nationalpark auch im Sommer ist – ab September ist es hier bereits so menschenleer und ruhig, dass man an manchen Tagen als Besucher ganz alleine ist mit der Natur.

Ostseeurlaub in Leba mit und ohne Strandkorb (links: vor dem historischen Kurhaus von 1906, heute das Hotel Schloss Neptun).

Rauschende Wogen, weiter Blick: Steilküste bei Freihof (Orzechowo) unweit von Stolpmünde.

Orlowo, Adlershorst, heißt ein Stadtbezirk von Gdingen. Berühmt ist er für die bewaldete und besonders schöne Steilküste.

Im 19. Jh. verließen die Bewohner von Wdzydze Kiszewskie ihr Dorf für immer. Seit 1906 hütet es als Freilichtmuseum ein Stück kaschubischer Kultur und dient gelegentlich als Filmdrehort.

Zum Museumsdorf gehört die komplett hierher versetzte Kirche von Groß Boschpol (Bożepole Wielkie). Gottesdienste finden wieder auf Kaschubisch statt.

winzischen Nationalparks (Słowiński Park Narodowy) in den Ostseehimmel (Special S. 48).

GARANTIERT KARIERT

An das westslawische Volk der Slowinzen (auch Lebakaschuben), die hier einst lebten, erinnert heute neben Namen und Bezeichnungen auch ein Freilichtmuseum in Klucken (Kluki). Das Bauern- und Fischerdorf am Lebasee war offenbar der letzte Ort, an dem Slowinzisch gesprochen wurde, bevor es Mitte des 20. Jahrhunderts ausstarb. Typisch für ihre Dörfer waren die Fachwerkhäuser, denen die Region den Namen »kariertes Land« verdankt. Spitzenreiter unter den

karierten Dörfern ist Schwolow (Swołowo) bei Stolp (Słupsk), wo alleine 70 Bauten mit den markanten Balkengittern erhalten blieben. Routen zu insgesamt zehn touristischen Themen verbinden die schönsten Orte.

MEHR ALS FOLKLORE

Das Kerngebiet der Kaschubei bildet die Kaschubische Schweiz (Szwajcaria Kaszubska), die zu den reizvollsten Teilen der hügeligen Seenlandschaft gehört. Mittendrin der Turmberg ist mit 329 Metern die höchste Erhebung weit und breit. Am Rande des kleinen Naturschutzgebiets Turmberg-Höhe (Szczyt Wieżyca) liegt Schönberg (Szymbark),

Szenen wie diese, aufgenommen während der Dreharbeiten zum Film »Remus, der Kaschube«, kann man auch bei den Festen im Freilichtmuseum Wdzydze Kiszewskie beobachten.

ein Ortsteil von Stendsitz (Stężyca). Hier befindet sich das sogenannte Zentrum für Bildung und Regionalmarketing, welches vor allem aus einem Hotel mit über 100 Betten und einem privaten Mini-Freizeitpark besteht. Dessen Hauptattraktionen sind ein auf dem Kopf stehendes Haus, das im Stil der sozialistischen 1970er-Jahre eingerichtet ist, sowie ein Tisch und ein Brett, die wegen ihrer Länge einst Guinessbuch-Rekorde hielten.

Dass die meisten Leute vor allem dieser Dinge wegen nach Schönberg kommen, findet Maks Blok schade.

„Besonders Jugendliche haben wenig Interesse an unserer Kultur", bedauert der junge Kaschube, der im Freizeitpark

arbeitet. Für seine Gäste trägt er an diesem Nachmittag die Tracht seines Volkes und singt ein Kinderlied zum kaschubischen Alphabet. Selber könne er die Sprache seiner Ahnen zwar ganz gut verstehen, sprechen aber nicht.

Seiner Kollegin Brygida Trela geht es ähnlich: „Zu Hause reden wir polnisch miteinander", sagt sie. Beide stimmen überein: Was sie hier für die Touristen tun, sei Folklore. Doch Tradition ist mehr. Das zeigen alteingesessene Handwerksbetriebe wie die Töpferei Necel in Chmelno (Chmielno), vor allem aber Schüler, die das alte Erbe neu entdecken – zum Beispiel im 33 Kilometer entfernten Wdzidzen (Wdzydze Kiszewskie).

STEINIGER WEG

Blasmusik ertönt. Von der kleinen hölzernen Kirche her bewegt sich eine fröhlich-feierliche Prozession zur Mitte des Dorfes. Vorneweg laufen vier Frauen mit einem Marienbild und die Kapelle, hinter ihnen die Gemeinde – Menschen in altmodisch-bäuerlicher Kleidung, viele barfuß. Die zaghaften Schritte der Jüngeren verraten, dass sie das Laufen ohne Schuhe – noch dazu auf steinigen Wegen – nicht gewöhnt sind. Dennoch: Sichtbaren Spaß haben alle an der Szene, die zu einem historischen Film gehört. Piotr Zatoń ist zufrieden. »Danke, Leute – toll gemacht! Zehn Minuten Pause«, ruft der Regisseur und Fotograf.

Sein Werk nach dem Roman des kaschubischen Schriftstellers Aleksander Majkowski »Das abenteuerliche Leben des Remus« spielt in der Kaschubei des 19. Jahrhunderts. »Ich könnte mir keine besseren Kulissen dafür vorstellen als die von Wdzidzen«, sagt Piotr. Denn das kaschubische Dorf am Wdzydze (Wdzidsensee) sieht genau so aus, wie man sich alte Dörfer vorstellt – mit hübschen Bauernhäusern und Windmühlen, Heuschobern und Ziegen, die im Schatten hoher Linden dösen. Doch schon seit über 100 Jahren ist es ein Freilichtmuseum, das älteste in Polen.

BURGEN OHNE ENDE

Von den mittelalterlichen Ordensburgen, die so wie heute noch in Ermland auch einst vielerorts in Pommern standen, blieben hier nur wenige erhalten – so wie etwa die in Lauenburg (Lębork), Bütow (Bytów), Mewe (Gniew) oder Stuhm (Sztum). Sehenswert ist die Bischofsburg Marienwerder (Kwidzyn). Ihr spezielles Aussehen verdankt sie ausgerechnet dem wohl größten Dansker, der jemals gebaut wurde: Dieser als Toilette genutzte Turm ist durch eine auf massiven Säulen stehende Brücke mit dem Rest der Burg verbunden und diente, wie neueste Forschungen ergaben, tatsächlich nur der Notdurft der zahlreichen Gäste und Bewohner und nicht, wie lange angenommen, auch zu Verteidigungszwecken.

Über einen Dansker verfügt ebenso die Marienburg im gleichnamigen Ort. Mit 17,5 Hektar Fläche ist sie das größte Werk der Backsteingotik. Gleich mehrere Ritterburgen von durchschnittlichen Maßen ließen sich darin verstecken. Als Sitz der Hochmeister (1309–1457) des Deutschen Ordens schlug hier das Herz ihres mächtigen Staates. Nach dessen Niederlage wurde sie verpfändet. Umgerechnet 660 Kilogramm Gold zahlte 1457 König Kasimir für die immerhin mit Bad und Heizung ausgestattete Immobilie. Bis zum Jahr 1772 blieb sie eine Residenz der polnischen Monarchen.

Oben: Die Kleinstadt Schöneck in Westpreußen (Skarszewy)
Mitte: Der Ostritzsee (Jezioro Ostrzyckie) inmitten waldiger Hügel zählt zu den Bilderbuchlandschaften der Kaschubischen Schweiz.

Unten: Verschwiegenes Örtchen? Von wegen: Bischofsburg Marienwerder (Kwidzyn) ist für ihren weit ausladenden Abortturm berühmt.

Die mittelalterliche Marienburg war einst Sitz der Hochmeister des
Deutschen Ordens.

Das kaschubische Alphabet kann man im Freizeitpark von Schönberg mit einem einfachen
Kinderlied lernen. Nur noch wenige Kaschuben benutzen ihre Sprache im Alltag.

Wellness

DIE WANNE AUF DER WIESE

*Ob Meereswasser, Bernstein, Waldluft oder wilde Kräuter:
Die Natur im Norden Polens steckt voller kleiner Wunder, die der Gesundheit
und dem Wohlgefühl große Dienste leisten können.*

Luxus in jeder Beziehung: Sauna und Massageliege befinden
sich im Wellnesshotel Pro Vita in Kolberg auf dem Zimmer.

Als sie spätestens im 18. Jahrhundert wussten, dass Baden im und Aufenthalt am Meer gut für die Gesundheit sind, zog es die Stadtmenschen zur Erholung an die Ostsee. Entlang der Danziger Bucht, wo das Wasser etwas wärmer und deutlich weniger salzig ist als in der westlichen Ostsee, entstanden zahlreiche Kurbetriebe. Das erste Strandbad mit Sanatorium schuf der elsässische Arzt Johann Georg Haffner 1823 in Zoppot. Heute gibt es hier moderne Studios für Wohlgefühl und Schönheit. Unter vielen großen ist da ein kleines, sehr spezielles: das Bernstein-Spa Balola.

PFIRSICHHAUT
DANK BERNSTEINSTAUB

Dessen Gründerin, Marta Siemionko, ist mit einem Künstler verheiratet, der seit über 20 Jahren Bernsteinschmuck kreiert. In seiner Werkstatt besteht der Abfall vor allem aus dem Staub des edlen Werkstoffs. Auf die Idee, ihn für kosmetische Zwecke zu

nutzen, habe sie der Schleifer gebracht. »Peter ist über 50 und hat eine Babyhaut, denn er bekommt seit Jahren sein tägliches Bernstein-Peeling«, erzählt Marta, die es selber ausprobierte. „Die Wirkung ist sehr angenehm und bereits nach der ersten Anwendung sichtbar. Die Haut bleibt weich, wird glatter und hat einen matten, hellen Glanz", so die 43-Jährige. Nach einer Experimentierphase und einigen medizinischen Tests stand das Konzept ihres Bernstein-Spas. Verwendet wird der reine Staub, versetzt mit etwas Zuckerwasser, für Facials, Body Peeling und Massagen.

Von der Heilkraft des Bernsteins wusste man bereits in der Antike. An Polens Ostseeküste, wo er jährlich tonnenweise gefördert und zu Schmuck verarbeitet wird, ist er heute noch ein beliebtes Hausmittel. Das braune Bernsteinöl (das streng nach Möbelpolitur riecht) soll Hautkrankheiten, Muskelschmerzen und Insektenstiche lindern. Innerlich bei Magenbeschwerden oder als Einreibung gegen Rheuma, Kopf- und Gliederweh wird Bernsteinschnaps verwendet. Altes Wissen um die Kräfte der Natur, gepaart mit neuen, manchmal auch verrückten Ideen, bereichern Polens

Oben und links:
Ein ganz besonderes Erlebnis für die
Sinne ist das Wellnessangebot im
Wald-Spa Glendoria.

vielseitige Wellness-Landschaft auch
fernab der großen Kur- und Badeorte.

UNTER FREIEM HIMMEL

Das Badehandtuch liegt im Gras. Ein
Schmetterling nutzt es als Lande-
platz. Waldi dreht den Hahn auf. Aus
dem Badeofen, den er selbst gebaut
hat, plätschert geheiztes Brunnenwas-
ser sprudelnd in den altmodischen
Zuber. »Das wird ein Mineralbad«,
kommentiert der Wellness-Unterneh-
mer mit Sonnenbrille, Shorts und
Sneakers. »Die Wanne aus ver-
zinktem Blech mit gusseisernen
Schnörkelfüßen hat Charakter. Wirk-

**ALTES WISSEN UM DIE KRÄFTE
DER NATUR, GEPAART MIT NEUEN,
TEILS VERRÜCKTEN IDEEN,
BEREICHERN POLENS WELLNESS-
LANDSCHAFT AUCH FERNAB DER
GROSSEN KUR- UND BADEORTE.**

Oben: Wasserfreuden im Pałac Mortęgi Hotel.
Unten: Saunafass im Masuria Hotel & Spa.

Auswahl Wellness-Adressen

....

Auf Kleopatras Spuren:
Wald-Spa Glendoria, Ględy 45, 14-105 Łukta, Tel. 0512 26 12 12,
www.glendoria.pl. Geöffnet Mai bis September. Das früher dort
befindliche Camp-Spa ist jetzt 17 km weiter nördlich in Walters-
dorf zu Hause: 11-008 Włodowo, Tel. 0504 37 37 30, campspa.pl

Bernstein-Spa: Spa Balola, ul. Tadeusza Kościuszki 4/1b,
81-704 Sopot, Tel. 058 341 30 71, www.balola.pl

Modern und familienfreundlich:
Shuum Boutique Wellness Hotel, ul. Tadeusza Kościuszki 17,
78-100 Kołobrzeg, Tel. 094 355 40 00, https://shuumhotel.pl

Luxus auf dem Lande:
Pałac Mortęgi Hotel & SPA, Mortęgi 3, 14-260 Lubawa,
Tel. 089 644 94 72, www.palacmortegi.pl

Saunaspaß im Fass:
Masuria Hotel & SPA, Worliny 33, 14-105 Łukta,
Tel. 088 559 00 21, www.hotelmasuria.pl

lich besonders aber macht sie erst ihr
Standort: eine Kräuterwiese unter
freiem Himmel, irgendwo im Wald
nicht weit von Gallinden (Ględy), einem kleinen Dorf in Ermland.

Outdoor-Sport und Abenteuer locken den 41-Jährigen seit seiner Kindheit in die Natur. 15 Jahre lang ist Wal-
demar Dąbrowski als IT-Experte um
die Welt gereist. Seine Partnerin Natalia Zyro, 34, war mobile Physiothera-
peutin. »Als wir im Internet die Bil-
der vom Bauernhof- und Zelthotel
Glendoria sahen, wollten wir hierher
und irgendwie mitmachen«, sagt die
selbstbewusste Frau. Als Ergänzung
zu dem unkonventionellen Naturre-
sort gegenüber eröffneten die beiden
2011 ihren angenehmen Freiluft-
Wohlfühltempel.

GEHEIMNIS DER KLEOPATRA

Man betritt das Wald-Spa durch eine
Tür, die ganz alleine in der Landschaft
steht und in Ermangelung von Zäu-
nen oder Hinweisschildern zur Orientierung dient. Auch hinter dieser
Pforte breitet sich die grüne Wildnis
aus. Dann entdeckt man, zwischen
Bäumen, weitläufig verteilt, diverse
Bottiche, die Sauna und eine Massage-
hütte. Von Kiefernästen hängen große
Blechgießkannen, die per Seilzug son-
nenwarmes Wasser regnen. Das sind
die Duschen. Liebenswerte Provisorien
mit Herz und Witz ersetzen technisch
ausgefeilte Lösungen, solide Handar-
beit ersetzt ein austauschbares Indus-
triedesign.

Waldi nimmt ein Schraubglas. Das
helle Pulver darin ist eine Mischung
aus dem basisch wirkenden, vulkani-
schen Gestein Zeolith und Natron.
Zwei Esslöffel voll davon gibt er in
die Wanne. Das Wasser färbt sich
weiß. »Das Geheimnis der Kleopa-
tra«, verrät er. Seiner Meinung nach
beruht die Legende von der Pharao-
nin, die in Milch gebadet haben soll,
auf einem Fehler. Ihrer Schönheit hat
es nicht geschadet. Wie das bei den
Gästen ist? »Wir versprechen nichts«,
sagt der Entspannungsfachmann. Un-
bestritten sei jedoch die entgiftende
und kräftigende Wirkung eines solchen Mineralbades. Und damit es
richtig wirkt, darf jeder solange darin
sitzen bleiben, wie er mag.

Tief entspannen im
Vier-Sterne-Wellnesshotel
Pro Vita in Kolberg

CITY-CHIC UND DORFIDYLLE

So vielfältig wie Pommerns Landschaften, so kontrastreich seine Architektur. Von Hightech-Hochhäusern wie den Sea Towers an der Gdinger Waterfront über Europas größten Backsteinbau – der gotischen Marienburg – bis zu windschiefen Fischerkaten im Slowinzischen Nationalpark reicht das Spektrum.

❶ Stolp (Słupsk)

Die Geschichte der Stadt (90 000 Einw.) an der Stolpe (Słupia) begann im 9. Jh. als kaschubische Siedlung. Ihre Lage am Handelsweg zwischen Danzig und Stargard sowie die Hanse-Mitgliedschaft förderten ihren Reichtum.

SEHENSWERT

Das **Schloss** der Pommernherzöge (1507) wurde 1821 durch einen Brand zerstört und in Anlehnung an sein ursprüngliches Aussehen restauriert. Das darin befindliche **Museum** (ul. Dominikańska 5/9, Tel. 059 842 40 81, Di. 12.00 bis 15.00, Mi.–So. 11.00–18.00 Uhr, www.muzeum.slupsk.pl) beherbergt die »Schätze der Pommernherzöge« sowie eine Gemäldegalerie (14.–18. Jh.).

HOTEL/RESTAURANT

Stylishes Interieur und hervorragende Küche bietet das Restaurant und Boutiquehotel €€ **Intryga** (ul. Kozietulskiego 2/3, www.intryga.com, Tel. 059 84 115 24).

UMGEBUNG

Stolpmünde (Ustka, 18 km, nordwestl.) ist das größte Seebad zwischen Rügenwalde und Zoppot. In **Rowe** (Rowy, 29 km, nördl.) beginnt ein 35 km langer Wanderweg, der durch den Slowinz. Nationalpark nach Leba (Łeba, s. Lauenburg) führt. Im Badeort **Jershöft** (Jarosławiec, 40 km nordwestl.) steht einer der lichtstärksten Leuchttürme (1856, 33 m, 50 km Reichweite) im gesamten Ostseeraum.

INFORMATION

Centrum Informacji Turystycznej
ul. Stefana Starzyńskiego 8, 76-200 Słupsk, Tel. 059 728 50 41, www.slupsk.pl

❷ Lauenburg (Lębork)

Die Stadt (35 000 Einw.) am Pommerschen Jakobsweg liegt im Lebatal zwischen Schlüssel- (175 m) und Dombrowaberg (210 m).

SEHENSWERT

Zu den **Mittelalterbauten** gehören der Ordensburg-Komplex, die got. Jakobskirche, zwei Basteien sowie Teile der Stadtmauer und des historischen Marktes. Das **Rathaus** ist neogotisch. Eklektische **Bürgerhäuser** (19./20. Jh.) säumen die ulica Staromiejska.

MUSEEN

Das **Stadtmuseum** nahe der Burg dokumentiert u. a. die Erfindung der Nipkowschen Scheibe, mit der 24-jährige Lauenburger Student Paul Nipkow 1884 den Weg für die Entwicklung des Fernsehens ebnete (Di.–Fr. 10.00 bis 16.00, Sa./So. 11.00–16.00 Uhr, ul. Młynarska 14/15, www.muzeum.lebork.pl).

UMGEBUNG

Der Sommerkurort **Leba** (Łeba, 30 km, nördl.) ist das Tor zum Slowinzischen Nationalpark mit dem Lebasee und den berühmten Wanderdünen. Neben Wanderungen sind Touren mit dem Fahrrad oder Elektrotaxi möglich (www.slowinskipn.pl). In einem kubischen Gebäude an der Lebamündung entsteht das neue Museum für Unterwasserarchäologie und Ostseefischerei. Lebas Wahrzeichen ist das €€€ Zamek Łeba (ehem. „Neptun", ul. Sosnowa 1, Tel. 048 662 26 83 90, https://zamekleba.pl). Dieses Strandhotel im Stil eines Schlosses wurde im Jahr 1907 als Kurhaus eröffnet.

INFORMATION

Informacja Turystyczna
al. Niepodległości 6, 84-300 Lębork, Tel. 048 59 842 01 34, www.lebork.pl, www.lotzl.lebork.pl

❸ Hela (Hel)

Die Halbinsel mit dem gleichnamigen Hauptort (3300 Einw.) nördlich von Danzig schneidet die Putziger Wiek (Zatoka Pucka) als Teil der Danziger Bucht vom offenen Meer ab.

SEHENSWERT

Kern des Hauptortes ist der **Hafen**, umgeben von der Altstadt mit vielen Fischrestaurants. Östlich davon befindet sich der **Leuchtturm** (41,5 m) mit toller Aussicht, nördlich die **Robbenstation** (Tipp S. 60). Das **Fischereimuseum** in der ehem. Peter-Pauls-Kirche dokumentiert traditionelle Fangmethoden und kaschubischen Bootsbau (Feb.–Juni, Sept.–Dez. Di.–So. 10.00–16.00, Juli–Aug. Mo.–Di., Do.–So. 10.00–18.00, Mi. 13.00–18.00 Uhr, Bulwar Nadmorski 2, www.nmm.pl). Schweinswal heißt auf

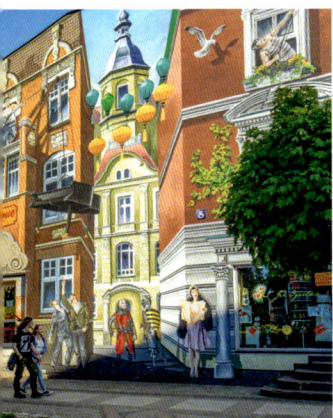

Wandbilder in Stolp (o.l.), Sandmeere an der Ostseeküste im Slowinzischen Nationalpark (o.r.), Strandpromenade von Hela (u.).

polnisch »morświn« (Meerschwein). Im **Dom Morświna** wurde dem delfinverwandten Ostseebewohner ein kleines Museum gewidmet (Mo.–So. 10.00–15.00 Uhr, ul. Portowa 4, www.morswin.pl).

VERANSTALTUNG

Meereswallfahrt der Fischer von Kußfeld nach Putzig am 29. Juni zu Ehren von St. Petrus. Sie geht zurück auf das Jahr 1217.

HOTEL/RESTAURANT

Nahe am Hafen von Heisternest (Jastarnia) steht das 3-Sterne-Hotel €€€ **Jastarnia** (ul. Portowa 35, Tel. 051 891 91 70, www.hotel jastarnia.com.pl). Köstliche Fischgerichte zu kleinen Preisen zaubert das € **Fala** (ul. Lipowa 7, Tel. 058 675 01 89, www.fala.balticfoods.pl).

UMGEBUNG

Das Hafenstädtchen **Putzig** (Puck, 45 km, nordwestl.) hat eine hübsche Altstadt (18./19. Jh.) mit der Kirche St. Peter und Paul (15. Jh.). Von der Ordensburg (1400) der Fischmeister sind nur Reste erhalten, u. a. die eines heizbaren Pools. Pommerns nördlichste Siedlung **Habichtsberg** (Jastrzębia Góra, 44 km, nordwestl.) am Kap Rixhöft (Rozewie) mit Leuchtturm (33 m) liegt an einer Steilküste (33 m) und der Fuchsschlucht (Lisi Jar).

Tipp

Abenteuer Naturschutz

Zum Schutz der Kegelrobben wurde 1992 von der Uni Danzig das Fokarium in Hela eingerichtet. Die Anlage besteht neben Arbeits- und Lehrräumen sowie einem kleinen Museum aus drei Zucht- sowie kleineren Trennschwimmbecken. Ziel der Einrichtung ist die Wiederherstellung einer Kegelrobbenkolonie in der südlichen Ostsee. Durch Eintrittsgelder wird ein Teil der Betriebskosten gedeckt. Hauptanziehungspunkt für Besucher sind die öffentlichen Fütterungen (tgl. 11.00, 14.00 Uhr). Am ruhigsten ist es außerhalb dieser Spektakel.

INFORMATION
Stacja Morska, ul. Morska 2, 84-150 Hel, Tel. 058 675 08 36, tgl. 9.30 bis 18.00 Uhr, www.fokarium.com

INFORMATION
Informacja Turystyczna, ul. Kuracyjna 26, 84-150 Hel, Tel. 0666 871 622, www.gohel.pl

❹ Gdingen (Gdynia)

Die Hafenmetropole (2450 000 Einw.) ist eine Stadt des Modernismus, die sich in den 1920er-Jahren aus einem Fischerdorf entwickelte. Ihr Gesicht prägt die Waterfront, ein Komplex kubistischer Gebäude an der Marina, dominiert von den Sea Towers (141,6 m) mit Wohnungen, Büros und Aussichtsplattform.

SEHENSWERT

Gdingen ist voller Zeugnisse der Bauhaus-Epoche, oft mit Anspielungen auf maritime Themen. Dazu gehören u. a. das **Haus des Polnischen Seglers** (al. Jana Pawła II 3), die Seefahrt-Universität (ul. Morska 81/87), das Gericht (pl. Konstytucji 5), das Stankiewicz-Haus (ul. Świętojańska 53) sowie Villen in den Stadtteilen Adlershorst und Kielau. An der Ecke ul. 3 Maja 27/31 und ul. Batorego 26 entstand in den 1930er-Jahren die Markthalle (ul. Wójta Radtkego 36). Die Baugeschichte des 1971 eröffneten Aquariums geht ebenfalls auf die Epoche des Modernismus zurück (al. Jana Pawła II 1, tgl. 9.00–21.00 Uhr, www.akwarium.gdynia.pl). Hoch hinauf zum **Steinberg** (Kamienna Góra, 52 m) geht es mit der Standseilbahn (2 min., max. 12 Passagiere, tgl. 10.00–20.00, Juni–Sept. Sa.–So. 10.00–22.00 Uhr).

MUSEEN

Im historischen Passagierterminal (Dworzec Morski, ul. Polska 1) dokumentiert das **Auswanderermuseum** die Geschichte von Millionen polnischer Emigranten (Di. 12.00–20.00, Mi.–So. 10.00–18.00 Uhr, www.polska1.pl). Vielfältige Sammlungen zeigt das **Stadtmuseum** (ul. Zawiszy Czarnego 1, Di., Mi., Fr. 10.00 bis 18.00, Do. 12.00–20.00, Sa./So. 10.00–17.00 Uhr, www.muzeumgdynia.pl). An der südlichen Mole (al. Jana Pawła II) liegen die zwei **Museumsschiffe** »Dar Pomorza« (März–April Di.–So. 10.00–16.00, Mai–Juni Di.–So. 10.00–17.00, Juli bis Aug. tgl. 10.00–18.00, Sept.–Okt. Di.–So. 9.00–16.00 Uhr, www.nmm.pl) und „ORP Błyskawica" (Mai–Sept. Di. bis So. 10.00–13.00, 14.00–18.00 Uhr), das zum **Marinemuseum** (Di. bis So. 10.00–18.00 Uhr, ul. Zawiszy Czarnego 1b, www.muzeummw.pl) gehört.

VERANSTALTUNG

»Tag des Meeres« (Święto Morza) im Juni mit Schiffsparaden und Hafenrundfahrten

HOTEL

Im topmodernen City Center übernachtet man im €€€ **Courtyard by Marriott Gdynia Waterfront** (ul. Jerzego Waszyngtona 19, www.marriott.com, Tel. 058 743 07 00).

INFORMATION
Miejska Informacja Turystyczna ul. 10 Lutego 24, 81-364 Gdynia Tel. 058 622 37 66, www.gdynia.pl

Der Leuchtturm von Zoppot war vormals der Schornstein der Balneologischen Anstalt.

❺ Zoppot (Sopot)

Das mondäne Ostseebad bildet zusammen mit Danzig und Gdingen den Ballungsraum Dreistadt (Trójmiasto). Während die Nachbarstädte von Industrie und Handel profitieren, lebt die Kurstadt Zoppot vom Tourismus.

SEHENSWERT

Die **Seebrücke** (Molo, 1827, 511,5 m) ist die längste hölzerne in Europa. Am Ende liegt der Jachthafen. Der **Kurplatz** davor dient im Winter als Eisbahn. Umringt wird er von der evang. **Heilandskirche** (1913/19), der **Balneologischen Anstalt** (1903) mit einem 1975 zum Leuchtturm umgebauten Schornstein, dem rekonstruierten **Kurhaus** (1910) sowie dem Sheraton Hotel (www.marriott.com), dessen Architektur dem bis 1945 hier stehenden Logierhaus und späteren Kurhaus-Hotel ähnelt. Das **Südbad** (1907) ist heute ein Hotel und Restaurant. Seebrücke, Strand und Kurviertel verbindet die Fußgängerzone **Monciak** (ul. Bohaterów Monte Cassino, 600 m lang). Zwischen Lokalen, Läden und Hotels steht dort auch das **Schiefe Häuschen** (Krzywy Domek).

MUSEUM

Um den vornehmen Wohnstil zu Beginn des 20. Jh. geht es um Orts- und Regionalgeschichte im **Muzeum Sopotu** in der restaurierten Villa Ernst Claaszen (1904, Di.–So. Mai–Sept. 10.00–17.00, Okt.–April 10.00–16.00 Uhr, ul. K. J. Poniatowskiego 8, www.muzeumsopotu.pl).

VERANSTALTUNG

Größtes Event ist das **Sopot Festival** (www.operalesna.sopot.pl), das jährlich im Sommer stattfindet.

HOTELS

Ein schickes zeitgenössisches Aparthotel ist das €€ **Molo Residence** im Herzen Zoppots (ul. Pułaskiego 6a, Tel. 058 355 11 00, www.moloresidence.pl). In einem dezenten Seefahrts-Look sind die Zimmer des €€ **Navy Group Port Sopot** gestaltet (ul. Parkowa 64, Tel. 053 481 10 70, www.portsopot.pl).

RESTAURANTS

Trendige Gastrokultur pflegen das €€ **Koncept** (ul. Gen. K. Pułaskiego 18-20, Tel. 088 155 50 43) und €€€ **Tłusta Kaczka** (ul. Spółdzielcza 2, Tel. 058 580 08 08, www.tlustakaczka.pl).

UMGEBUNG

Eine bildschöne Landschaft zeichnet die **Kaschubische Schweiz TOPZIEL** aus, dazu gibt es spannende Einblicke in die Kultur der Kaschuben: In **Karthaus** (Kartuzy, 38 km südwestl.) informiert das Museum über Geschichte und Brauchtum der westslawischen Volksgruppe (Kościerska 1, Di.–Fr. 8.00–17.00, Sa. 9.00–17.00, So. 10.00–17.00 Uhr, www.muzeum-kaszubskie.pl). Der **Kaschubische Etnografische Park** ist ein Freilichtmuseum mit Originalbauwerken samt Inventar (17.–20. Jh.) und Kunsthandwerk, Tieren und Gärten (Kaszubski Park Etnograficzny, ul. T. I. Gulgowskich 68, 83-406 Wdzydze, Jan.–März, Nov./Dez. Mo.–Fr. 10.00–15.00, April, Sept., Okt. Di.–So. 9.00–16.00, Mai/Juni Di.–Fr. 9.00–16.00, Sa.–So. 10.00–18.00, Juli/Aug. Di. bis So. 10.00–18.00 Uhr, www.muzeum-wdzydze.gda.pl).

INFORMATION

Sopocka Organizacja Turystyczna
pl. Zdrojowy 2, 81-720 Sopot
Tel. 079 028 08 84, www.sts.sopot.pl

6 Marienburg (Malbork)

Am Fluss Nogat liegt die Stadt (38 000 Einw.), die Existenz und Namen Europas mächtigster Backsteinburg verdankt.

SEHENSWERT

Als Sitz der Hochmeister (1309–1457) des Deutschen Ordensstaates wie auch als Residenz der poln. Könige (1457–1772) war die **Marienburg TOPZIEL** ein Ort der Macht. Durch dreifache Mauern und 14 Tore gesichert, hielt sie monatelangen Belagerungen stand. Heute ist das Wunderwerk aus rund 4,5 Millionen Ziegeln UNESCO-Weltkulturerbe und Museum (tgl. 9.00–20.00, Winter 10.00–15.00 Uhr, www.zamek.malbork.pl). Bei einer Kanu- oder Schiffstour (www.caw.malbork.pl, www.zegluga.com.pl) lässt sich der monumentale Bau vom Fluss aus bewundern.

UMGEBUNG

Das Weichselmuseum (Muzeum Wisły) in **Dirschau** informiert über die Region und das Ökosystem des Flusses (Tczew, 22 km nordwestl., Sept.–Mai Di.–So., Juni–Aug. tgl. 10.00 bis 16.00 Uhr, ul. 30 Stycznia 4, www.nmm.pl). Um Bootsbau- und Fischereigeschichte geht es im Museum des Frischen Haffs (Muzeum Zalewu Wiślanego) in **Bodenwinkel** (Kąty Rybackie, 47 km, nordöstl., April–Juni, Sept. Mo.–Fr. 9.00–16.00, Juli/Aug. tgl. 10.00–17.00, Feb. bis März, Okt.–Dez. Mo.–Fr. 9.00–15.00 Uhr, ul. Rybacka 64, 82-110 Sztutowo, www.nmm.pl). Nur 6 km entfernt ist die Gedenkstätte des ehem. deutschen **KZ Stutthof** (Sztutowo, 43 km, nördl., Mai–Sept. 9.00–17.00, Okt.–April bis 16.00 Uhr, ul. Muzealna 6, www.stutthof.org).

INFORMATION

Centrum Informacji Turystycznej
ul. T. Kościuszki 54, 82-200 Malbork
Tel. 055 647 47 47, www.visitmalbork.pl

PER DRACHEN ÜBERS MEER

Der Ostseewind bläst in den Kite, die Leine spannt sich – und ab geht die Post. Während Neulinge froh sind, wenn sie auf dem Surfbrett stehen, wagen Könner Tricks und Sprünge, nehmen jede Welle mit, fliegen samt Board und Drachen durch die Luft.

Anfangs fällt man oft ins Wasser. Doch wer es schafft, Balance und Steuerung zusammen anzupacken, hat es so gut wie drauf. Lernen kann das Kitesurfen jeder, der mindestens 1,40 m groß, einigermaßen körperlich fit und beweglich ist und keine Angst vor Wasser hat. Zu den europaweit beliebtesten Orten für diese Sportart gehört die Halbinsel Hela (Hel). Hier sind die Winde günstig und ganz unterschiedliche Spots nahe beieinander.

Weil die Halbinsel so schmal ist, kann man schnell von der einen Küstenseite zur anderen laufen. Im Norden liegt das offene, kühle Meer. Dort macht sich ein guter Neoprenanzug bezahlt. Die geschützte Putziger Wiek im Süden ist eher flach und relativ warm. Vom Frühjahr bis zum Herbst sind hier fast täglich Scharen bunter Drachen unterwegs Die besten Windzeiten sind im Mai und Juni sowie ab Mitte August. Richtig voll ist es nur während der Sommerferien.

Training, Kurse: Ein super Spot ist der Campingplatz Chałupy 3 mit seiner legendären Surftaverne. „Kite Zone", Polens erste Kitesurfschule, wurde 1999 hier von Champion Igor Czernik eröffnet.

Preise: 1 Std. Unterricht: 135 zł (Gruppe) bzw. 190 zł (einzeln), der erste Grundkurs (5 Std.) 620 zł. Wer bei Null beginnt und wirklich etwas lernen will, bucht alle vier Grundkurse (20 Std.) für 1890 zł zusammen (www.kitesurf.pl).

Schon das Zuschauen macht Spaß: Die Halbinsel Hela (Hel) ist wegen der hier herrschenden Windverhältnisse ein Dorado für alle Kiter.

Westpommern

*

VOM RAND IN DIE MITTE

*

Der äußerste Nordwesten Polens liegt heute nicht mehr im Schatten einer Grenze, sondern in der Mitte von Europa. Stettin, nur zwei Stunden von Berlin entfernt, ist die charmante Mutter-City einer aufstrebenden Metropolregion – und ganz Westpommern mit seinen Natur- und Kulturschätzen sowie den Ostseebädern ein vielseitiges Urlaubsziel.

Breit strömt die Oder an Stettin vorüber. Die Hakenterrasse, benannt nach Oberbürgermeister Hermann Haken, das Nationalmuseum und das Woiwodschaftsgebäude prägen das Bild.

Auf vier Beinen stehend, recken sie aus ihren grünen Leibern die Hebearme wie lange Hälse in den Ostseehimmel. Die drei alten Lastenkräne auf der Oderinsel Lastadie (Łasztownia) ähneln tatsächlich großen Tieren aus der Urzeit. »Dźwigozaury« (ein Wortspiel aus Kran und Saurier) nennen die Stettiner die Veteranen ihres Hafens, dem die Metropole an der Odermündung bis heute ihren Wohlstand verdankt. Selbstbewusst und stolz reihen sich die blitzblank sanierten, original gelackten Stahlkolosse, Baujahr 1929, in die Schar der Stadtwahrzeichen ein.

Die meisten kann man von der Speicherstraße (ul. Zbożowa) aus sehen. Denn direkt gegenüber, auf der anderen Seite des Flusses, liegt die Altstadt. Links

DEM HAFEN VERDANKT STETTIN BIS HEUTE FAST ALLEN WOHLSTAND.

die gotische Jakobskathedrale, das Schloss der Pommerschen Herzöge in der Mitte, rechts die Hakenterrassen mit dem Nationalmuseum. Dazwischen sehen wir Bürgerhäuser, Stadtpaläste, Kirchen, ein paar seelenlose Quader aus Beton, doch zum Glück auch Bäume und immer mehr moderne Bauten, deren eleganter, zurückhaltender Stil für den Respekt vor ihren Nachbarn aus Gotik, Renaissance und Barock spricht.

AUGENWEIDE UND OHRENSCHMAUS

Das spektakulärste architektonische Kunstwerk der Neuzeit ist die Mieczysław-Karłowicz-Philharmonie, geschaffen von dem Italiener Fabrizio Barozzi und dem Spanier Alberto Veiga. Sie entstand an derselben Stelle wie das im Zweiten Weltkrieg zerstörte Konzerthaus (1884), dessen Ruine 1962 abgerissen worden war. Beide Konzertsäle – der goldene Sonnen- wie der silberne Mondsaal – verfügen über eine ausgezeichnete Akustik. Auch das Foyer mit Wendeltreppe wird zu Veranstaltungen genutzt.

Szenen aus Stettin: Blick von der Jakobskathedrale auf das ehemalige Schloss der Herzöge von Pommern, heute ein Kulturzentrum. Dahinter tiefblau die Oder (oben). Barocke Schmuckgiebel zieren den Heumarkt und das Altstädter Rathaus (Mitte). Kult-Kino Pionier 1907 ist das drittälteste Kino der Welt (unten).

Stettins Jakobskathedrale hat viele Wechselfälle der Stadtgeschichte
mitgemacht. Gegründet im 14. Jh. auf einem Vorgängerbau von 1187,
zerstört 1677 von brandenburgischen Truppen, mühsam neu errichtet,
1944 von den Alliierten zerbombt, 1972 wiederaufgebaut.

Stettins 1948 gegründete Philharmonie hat eine hypermoderne Heimstatt gefunden.

Treffpunkt Oderpromenaden: So wie Anna und Robert nutzen viele Stettiner Wochenend' und Sonnenschein zum Tanzen an den »Saurierkränen«.

Die imposante Treppenspindel ist nur eines der vielen spannenden Details im preisgekrönten Philharmonie-Neubau.

Warum biegen sich diese Kiefern auf so markante Weise? Der Krumme Wald bei Greifenhagen (Gryfino) hat sein Geheimnis bis heute nicht preisgegeben.

Als bestes Bauwerk des Jahres erhielt die neue Stettiner Philharmonie kurz nach Eröffnung 2014 den Mies-van-der-Rohe-Preis. Ihre zergliederte Fassade könnte sowohl einen Eisblock, die Zacken einer Krone als auch die Silhouette hoher, schmaler Bürgerhäuser darstellen. Beleuchtet wirkt sie am schönsten, besonders in der blauen Stunde. Mit matt strahlendem Glanz verwandelt sie den Musentempel in eine fragile, schwebend leichte Papierlaterne. Das durchscheinende Material, aus dem Dach und Fassaden bestehen, und Tausende LEDs machen dies möglich.

VISIONEN IN GRÜN-BLAU

Die heutige polnische Wojewodschaft Westpommern wurde aus dem einstigen Hinterpommern sowie kleinen Teilen des historischen Vorpommern und der Neumark gebildet. Um die Zeitenwende lebten hier Germanen, später das westslawische Ostseevolk der Pomoranen (von »po more«: am Meer), die u. a. auch die Vorgängersiedlung Kolbergs gründeten. Vom 12. bis 17. Jahrhundert wurde das Gebiet von den pommerschen Greifenherzögen beherrscht. Zentrum der Macht war die Hansestadt Stettin, weitere Residenzstädte u. a. Stargard, Stolp und Rügenwalde. Ihr Reichtum wuchs, als ihr im 14. Jahrhundert sowohl Pommern als auch Polen Privilegien verliehen. Damit machte Stettin zeitweise dem vom Deutschen Orden besetzten Danzig seinen Rang als Handelsmetropole streitig.

Vor den Türmen, Dächern und Fassaden Stettins liegen der westliche Uferboulevard (Piastowski), Cafés und Restaurants mit Oderblick und die »Allee der Segler«. Dieser öffentliche Kunst-Parkour versammelt Figuren und Objektzu maritimen Themen – etwa eine Bronzeplastik der polnischen Seefahrerlegende Ludek. Den Fluss selbst umrahmen Kais und feste, breite Wege mit eigenen Fahrradspuren, langen Bänken und Stufen. Die Neuerungen sind Teil von »Szczecin Floating Garden 2050«.

»Mit dem visionären Projekt wird sich Stettin in den kommenden Jahrzehnten immer mehr zur Wasserstadt entwickeln«, erklärt Artur Pomianowski vom regionalen Tourismusverband. Das natürliche Netz aus Flussläufen und -inseln wolle man dabei zu einer »schwimmenden Gartenstadt« ausbauen. Zentrum wird das Gebiet rund um die Mitteloder (Śródodrze) sein. Der zukunftsweisende Boulevard ist erst der Anfang – und er wird dankbar angenommen. So sitzt, liegt, läuft und radelt man an beiden Ufern, liest und isst, schaut Ausflugsschiffen, Segelbooten, Kanus hinterher – oder tanzt und flirtet.

JEDE MENGE WOHLFÜHLPLÄTZE

Schon unter der Schlossbrücke hört man die einschmeichelnden Klänge. Es ist Bachata, ein Stück sinnliche Karibik, das

STETTIN SOLL ZU EINER WASSER- UND GARTENSTADT WERDEN.

direkt in die Hüften geht – vor allem den sechs Paaren, die sich an diesem Samstagnachmittag leidenschaftlich danach bewegen. Ausgerechnet unter einem der drei Dino-Hafenkräne spielen die Musik und das Stelldichein der Stettiner Latin Dancers. Zwei von ihnen sind Anna und Robert. So oft sie können kommen die Eltern zweier Kinder zum Tanzen vis-à-vis der Hakenterrasse.

»An zwei Nachmittagen pro Woche treffen wir uns hier, abends meist im Quistorp-Park (Park Kasprowicza)«, sagt Anna. Außer Bachata tanzt man Salsa,

Stargards Marienkirche am Altstädter Markt wurde Anfang des 15.Jh.s im Stil der norddeutschen Backsteingotik umgebaut. Die barocke Haube erhielt der Nordturm erst 1723 aufgesetzt.

Mit seinem filigran gestalteten Schmuckgiebel tut sich Stargards Rathaus besonders hervor.

Tango oder die aus Angola stammende Kizomba. Für die Beschallung sorgt mobile Technik, die im wesentlichen aus einem Smartphone und zwei Lautsprechern besteht. Nichts daran ist kommerziell, nicht einmal organisiert sind die spontanen Partys, bei denen es ausschließlich um den Spaß am Tanzen geht. »Mal sind wir nur eine Handvoll, mal so viele, dass es eng wird«, erzählt Robert, 42, Polizist. Ungefähr 500 Leute, schätzt er, gehören zu der offenen Gemeinschaft.

Zum Glück habe Stettin jede Menge Plätze, an denen man sich wohlfühlen könne. »Die Nähe zu Fluss und Meer ist dabei genauso reizvoll wie die Mischung aus Altem und Neuem«, findet Anna mit Blick auf das Café Stockholm. Das Spannendste für die 35-jährige Zollbeamtin: »Meine Heimatstadt liegt wieder mitten in Europa.« Dass Stettin etwa der nächstgelegene Seehafen von Berlin ist, sei aktueller denn je. Zwischen beiden Städten liegen heute nur zwei Stunden per Auto oder Bahn.

Anna nimmt Roberts Hand. Sanft schlingt der die Arme um den Körper seiner Partnerin. Schritt für Schritt, mit gekonnten Drehungen und Pausen bewegen sie sich unter ausgedienten Hafenkränen leichtfüßig und elegant über nagelneue Pflastersteine.

Blick in das Netzgewölbe der Stargarder Marienkirche, die ebenfalls im Zweiten Weltkrieg stark zerstört und wiederaufgebaut wurde. Zwei ihrer Glocken gerieten in den Kriegswirren nach Bayern und klingen heute in Nördlingen und München.

FREIHEITSENGEL AN DER ODER

»Engel der Freiheit« könnte ein Poet die Protagonisten dieser schönen Szene nennen. Doch das geflügelte Wort ist in Stettin bereits vergeben. Es gehört einer elf Meter hohen Bronzefigur auf dem Platz der Solidarität und erinnert an die antikommunistischen Rebellionen. 1970 wurden hier die ersten Schüsse auf friedliche Demonstranten abgefeuert. 16 starben. Doch der Widerstand wuchs. Zusammen mit den revolutionären Aktivitäten in Danzig läutete er das Ende des Sozialismus ein. Das Dialogzentrum »Umbrüche«, Teil des Nationalmuseums, dokumentiert die Aufruhr der 1970er-

und 1980er-Jahre in einer multimedialen, interaktiven Ausstellung. Deren Räume befinden sich direkt unter dem Platz der Solidarität. Mit seiner geschwungenen Oberfläche erinnert er an ein stark bewegtes Meer – was ihn zum Ideal-Terrain für Skater macht. »Die öffentliche Meinung dazu ist gespalten«, sagt Artur Pomianowski. Während sich die einen Friedhofsruhe wünschen und jegliche Freizeitaktivität verbannen wollen, begrüßen es die anderen ausdrücklich. Die persönliche Meinung des jungen Touristikers: »Was die Kids dort tun, schadet niemand – und es hat Symbolkraft. Denn Skaten ist Freiheit.«

Viele Gäste von Westpommern frönen ihrem Drang nach Unabhängigkeit und sportlicher Bewegung beim Segeln – etwa auf der Westpommerschen Route. Die verbindet rund 20 neue und modernisierte Jachthäfen sowohl an den Ufern von Seen, Flüssen und Kanälen als auch an den Küsten von Ostsee und Stettiner Haff.

DAS STETTINER HAFF

Das nach dem Kurischen zweitgrößte Haff der Ostsee liegt heute teils auf polnischem (410 km²) und teils auf deutschem (277 km²) Territorium. Von Stettin erreicht man es per Schiff, Auto oder Zug. Der Landweg führt durch die Indus-

Ein Höhepunkt der Wikingertage im Archäologischen Freilichtmuseum Wollin ist das Drachenbootrennen auf der Dievenow.

Alljährlich im August strömen Mittelalterbegeisterte auf die Insel Wollin.

Ein archäologisches Experiment, das viele begeistert: Die rekonstruierte Slawen- und Wikingersiedlung am Ufer der Dievenow (Dziwna) hilft, Geschichte zu begreifen.

Viele Swinemünde-Gäste zieht es zum Sonnenuntergang an die Mühlenbake. Der einst mit Windkraft betriebene Leuchtturm markiert die Einfahrt in die Swine.

Special

Wikinger

Weben wie die Wikinger

Das historische Slawen- und Wikingerdorf auf der Plage-Insel in Sichtweite der Stadt Wollin ist ein ganz besonderes Freilichtmuseum. Denn hier geht es gar nicht so museal, sondern höchst lebendig zu ...

Dafür sorgen neben Wissenschaftlern vor allem Mitglieder des Vereins Centrum Słowian i Wikingów »Wolin-Jomsborg-Wineta«. Zeitweise und zum Teil als ganze Familie bewohnen die Hobby-Darsteller und ihre Haustiere die 27 rekonstruierten frühmittelalterlichen Holzhäuser, kleiden und ernähren sich, arbeiten als Handwerker, Bauern oder Fischer, musizieren, kämpfen und feiern wie im 9. und 10. Jahrhundert.

Damals befand sich an diesem Ort eine Siedlung, die weitreichende Bedeutung für den Handel hatte. Was heute zelebriert wird, ist kein Touristenspaß, sondern experimentelle Archäologie zum Anfassen und Miterleben. Zum jährlichen Festival Anfang August wird es richtig voll im Dörfchen:

Neben Hunderten von Akteuren kommen dann auch Tausende Zuschauer (Infos zu Museum und Fest s. S. 78).

triestadt Pölitz (Police). Von den ehemaligen Hydrierwerken dort, in denen Flugbenzin für das Deutsche Reich hergestellt wurde, sind nur noch wenige Reste erhalten. Interessante alte Klosterruinen stehen im Ortsteil Jasenitz (Jasienica). Sie gehören zum Augustiner- Chorherren-Stift (14. Jh.), das den Pommerschen Herzögen zeitweise als Jagdschloss diente.

AN DER MÜNDUNG DER ODER

Nach 35 km ist man dort, wo die Oder ins Haff mündet – in Ziegenort (Trzebież). Seinen Namen verdankt er der karpfenartigen Ziege, einer Fischart, die hier einst in dichten Schwärmen lebte. Im Vergleich zu anderen Gewässern ist der Fischbestand im flachen Haff immer noch sehr artenreich, auch wenn die Zahl der Tiere aufgrund klimatischer und ökologischer Veränderungen sinkt. Neben Barschen, Brassen, Rotaugen und Zandern gibt es Hechte, Meerforellen, Lachs und Wels – zur Freude vieler Angler oft in kapitalen Größen.

Als Polens größter Hafen am Stettiner Haff ist Ziegenort zugleich Zentrum der Fischerei. Bedeutung hat es jedoch vor allem für die Schifffahrt und den Wassersport. Denn Wind und Wellen sind hier meistens günstig. Das Ziegenorter Ausbildungszentrum des Polnischen Segelverbandes (PZŻ) mit bislang über

Das Kolberger Rathaus entstand in den Jahren 1829–1832 nach Entwürfen des preußischen Kronprinzen und Karl Friedrich Schinkels.

WIR MÜSSEN AKZEPTIEREN, DASS UNSERE GESCHICHTE POLNISCH UND AUCH DEUTSCH IST.

10 000 Absolventen ist landesweit bekannt. Zu dem modernen Strandkomplex gehören neben Sandflächen und Liegewiesen, Schwimmbrücken und befestigten Wegen auch ein Aussichtsturm, Restaurants und Imbissbuden, Camping- und Sportgelegenheiten. Der schönste Platz am Haff liegt aber so versteckt im Wald, dass ihn nicht einmal jeder Einheimische kennt.

EIN GUT VERSTECKTES KLIFF

»Ziegenorter Klippe (Klif Trzebieżski)? Nie gehört. Am südlichen Haffufer gibt es doch gar keine Steilküsten«, behauptet eine Frau im Strandcafé. Zwei Jungen mit Smartphone wissen es besser – auch, wenn sie selber noch nie dort waren. »Hier sind die Koordinaten.« 53°40'25«N, 14°27'48«E steht auf dem Display.

Wegempfehlungen gibt es nicht. Beim ersten Stück der kurzen Strecke hilft unterwegs die rot markierte Ueckermünder-Heide-Route (Puszcza Wkrzańska), die Ziegenort mit Althagen (Brzózki) verbindet. Der Rest wird per GPS und auf gut Glück absolviert: am Haff entlang, vorbei an alten Erlen, Kiefern, Weiden – bis ein Moor am Weiterlaufen hindert. Also geht es nochmals in den Wald hinein… Doch irgendwann schimmert wieder Meeresblau am Horizont. Und wie eine Sinnestäuschung der an Nadel-, Moos- und Blättergrün gewöhnten Au-

gen taucht da plötzlich etwas Feuerrotes auf. Hinter den letzten Bäumen vor dem Haff lockt der Flugschirm eines Paragliders den Wanderer zum Ziel.

»Ein perfekter Ort zum Fliegen«, kommentiert der Autoschlosser Maciej. Weil in seiner Werkstatt gerade nicht so viel zu tun sei, nutzen er und seine beiden Angestellten den leichten Wind an diesem Nachmittag zum Gleitflug. Obwohl nur ein paar Meter hoch,, lässt sich das versteckte, von Wald und Strand hübsch eingefasste Steilufer gut als Startrampe benutzen. Dass Gäste aus dem nahen Nachbarland zum Urlaubmachen kommen, freut den 62-Jährigen. So könne man die Schönheit dieser Landschaft teilen. »Wir müssen akzeptieren, dass unsere Geschichte polnisch und auch deutsch ist«, sagt er.

Die Aussicht auf das Haff ist super. Bei klarer Luft reicht sie bis zu den drei großen Inseln gegenüber. Links liegt Usedom mit Swinemünde, in der Mitte Kaseburg und rechts Wollin. Auf der mit Abstand größten Insel Polens breitet sich gleich hinter Misdroy, dem belebten Ostseebad, der Wolliner Nationalpark aus. Zu ihm gehören ausgedehnte Buchenwälder, Steilküsten und Ostseestrände, Teile der Pommerschen Bucht und des Stettiner Haffs sowie die 44 Inselchen im Swine-Delta.

Ausflugsschiffe aller Art legen im Hafen von Kolberg an und ab.

Kolberg ist nicht umsonst einer der beliebtesten Badeorte der Ostseeküste. Ob Yoga (Mitte links) oder Wellness (Mitte rechts; Hotel Shuum), die ehemalige Hansestadt ist auf alle Wünsche gut eingerichtet.

Henkenhagen (Ustronie Morskie) liegt ganz in der Nähe von Kolberg, wird aber längst nicht so stark frequentiert wie der berühmte Nachbarkurort.

Die schönsten Strände

SAND UND MEHR

Mehr als 500 Kilometer Strände hat Polens Ostseeküste vorzuweisen. Ob flach, ob steil, ob am Stettiner oder Frischen Haff, einer seichten Bucht oder dem offenen, windumwehten Meer: Immer geht es da um jede Menge Seeluft, Sand und Sonnenschein. Ganz nach Belieben kombiniert man das mit Badespaß und Wassersport, bummelt über schicke Promenaden oder genießt die Stille menschenleerer Dünen.

❶ Zoppot

Der breite, über 4 km lange Sandstrand von Zoppot zählt zu den saubersten und bestgesicherten an der Danziger Bucht. Das Schönste sind seine tollen Kulissen: die historischen Hotels und Kurhäuser mit ihren protzigen Fassaden, aber auch der elegante Pier mit Restaurants und Sommerkino sowie Anlegemöglichkeiten für Wassertaxis, kleine Boote und Ausflugsschiffe. Direkt daneben liegt der Jachthafen.

Tourist-Info Zoppot/
Sopot S. 61

❷ Rewahl

Malerische Klippen, bewachsen von Kiefernwäldern, gehen sanft in weite Dünen und schließlich einen breiten, weißen Sandstrand über. Markenzeichen sind sowohl die bunten Fischerboote als auch etwas weiter östlich die gotische Kirchenruine von Hoff (Trzęsacz), die man am besten von einer Aussichtsbrücke sieht. Ebenfalls zur Gemeinde gehört der im Sommer sehr belebte Badeort Poberow (Pobierowo).

Tourist-Info
ul. Szkolna 1
72-344 Rewal
Tel. 091 386 26 29
www.rewal.pl

❸ Ziegenort

Der naturnahe, moderne Strandkomplex von Ziegenort (Trzebież) am Stettiner Haff ist ein schöner Platz für Wassersport und Badespaß. Nur etwa fünf Kilometer entfernt, versteckt im Küstenwald, liegt das Ziegenorter Kliff. Der klitzekleine wildromantische Strand davor ist noch so unbekannt, dass ihn selbst viele Polen nicht kennen. Man erreicht ihn per Rad oder zu Fuß, der Ueckermünder-Heide-Route (Puszcza Wkrzańska) Richtung Althagen (Brzózki) folgend.

Tourist-Info Stettin/
Szczecin S. 77

❹ Leba

Weich und sauber ist der Sand an Lebas flachem, breitem Strand. Er ist umgeben von den Wanderdünen und Wäldern des Slowinzischen Nationalparks und in drei Abschnitte unterteilt. »A«, den beliebtesten, erreicht man über die ul. Sosna. Jet-Ski und Bananenboote sorgen hier für Remmidemmi. »B«, per Auto über die ul. Turystyczna erreichbar (Parkplatz direkt daneben), ist wegen seiner Kinderattraktionen sehr belebt. Eher still zeigt sich »C«, der abseits liegt und als einziger unbewacht ist.

Tourist-Info, ul. Kościuszki 121, 84-360 Łeba
Tel. 059 866 15 10
www.leba.eu

❺ Swinemünde

Mit bis zu 200 m ist der von einem Küstenwald gesäumte Strand von Swinemünde auf Usedom und Wollin der breiteste an Polens Küste, das Ostseewasser hier landesweit das wärmste. Die 12 km lange Europapromenade verbindet ihn mit den deutschen Kaiserbädern Ahlbeck, Heringsdorf und Bansin. Kurz vor seinem Wahrzeichen, der Mühlenbake auf der Westmole, befindet sich seit 2011 ein relativ windgeschützter Hundestrand mit Sanitärgelegenheiten (Parkplatz: ul. Uzdrowiskowa).

Tourist-Info Swinemünde/
Świnoujście S. 78

⑥ Adlershorst

Seiner imposanten Steil-
küste Hochredlauer Kämpe
(Kępa Redłowska) verdankt
Adlershorst (Orłowo, ein
südlicher Stadtteil Gdin-
gens) die frühzeitige touris-
tische Entdeckung. Denn
schon um 1840 hatte
Strandvogt Johann Adler
hier einen Schankbetrieb
mit Gästehaus und Badean-
stalt eröffnet. Nach ihm
benannt, vererbte sich der
Name auf den Strand sowie
den ganzen Stadtteil, der
später hier entstand. Der
sanierte Gasthof gehört
heute zur Hochschule für
Bildende Künste.

Tourist-Info
Gdingen/Gdynia S. 60

⑦ Hela

Als weißester und feinster
Polens wird der Sand auf
der Halbinsel Hela gepriesen. Besonders die Süd-
seite der schmalen Land-
zunge zwischen offenem
Meer und Putziger Wiek ist
bei Familien mit Kindern
beliebt. Denn das Wasser
ist hier sehr flach und deshalb immer etwas wärmer
als auf der Nordseite. Der
schönste Strand befindet
sich an der Spitze Helas,
ganz in der Nähe des
gleichnamigen Hauptortes.
Rund um Ceynowa
(Chałupy) tummeln sich die
meisten Surfer. Hier gibt es
seit 1960 auch einen FKK-
Strand.

Tourist-Info
Hela/Hel S. 60

⑧ Kolberg

Die letzten an dem rund
6 km langen Strand sind oft
die Stand-Up-Paddler, die
ersten früh am Morgen die
Bernsteinsammler, die nach
dem »Gold der Ostsee«
suchen. War es stürmisch
in der Nacht, kann man
durchaus fündig werden.
Während der Hauptstrand
zwischen Leuchtturm und
Waldenfelsschanze
(Kamienny Szaniec) im
Sommer meist sehr voll ist,
bieten die etwas abgelege-
neren wie Kolberger Deep
(Dźwirzyno, auch für Hunde
und FKK), Gribow (Grzy-
bowo) und Henkenhagen
(Ustronie Morskie) deutlich
mehr Ruhe.

Tourist-Info
Kolberg/Kołobrzeg S. 79

VON TONKUNST BIS PIRATENSCHLOSS

Erst Citybummel an der Oder, dann Philharmonie-Konzert. Am nächsten Morgen ans Stettiner Haff zum Wandern, mit der Fähre dann gen Usedom und Wollin? Oder lieber in den Krummen Wald und dann nach Stargard? Wer durch Westpommern reist, kann aus dem Vollen schöpfen.

❶ Stettin (Szczecin)

Nur 10 km von der deutschen Grenze, zwei Autostunden von Berlin, liegt Polens westlichste Großstadt (400 000 Einw.).

SEHENSWERT

Von der **Uferpromenade** (Nabrzeże Celne) entlang der Westoder hat man einen tollen Blick auf die Altstadt und erreicht zu Fuß die gotische **Jakobskathedrale** (Turmaufstieg), barocke Stadtpaläste wie den ehem. Pommerschen **Landtag** (ul. Staromłyńska), das **Wolkenhauerhaus** (pl. Orła Białego) sowie den **Heumarkt** mit Restaurants und Cafés, das **Greifenschloss** der Pommerschen Herzöge, den Siebenmäntelturm und das Hafentor sowie die **Hakenterrasse** (Wały Chrobrego) mit dem **Nationalmuseum** (ul. Staromłyńska 27, Tel. 091 431 52 00, Do.–So. 12.00–18.00 Uhr, www. muzeum.szczecin.pl). Architektur der Gründerzeit gibt es in der Neustadt am **Paradeplatz** (al. Niepodległości) zu sehen.

MUSEEN

Eine interaktive Ausstellung des Nationalmuseums erlebt man im **Dialogzentrum »Przełomy«** (Umbrüche). Im Mittelpunkt stehen die revolutionären Ereignisse der 1970er- und 1980er-Jahre (Do.–So. 12.00–18.00 Uhr, pl. Solidarności 1). Das historische Straßenbahndepot (1912) beherbergt das **Museum für Technik und Verkehr.** Zu den Besonderheiten der Fahrzeugsammlung gehört der Mikro-Wagen Smyk sowie der »Knirps« (Fiat 126 p, 1972–2000), einziger polnischer Geländewagen (Di. 10.00–15.00, Mi./Do. 10.00 bis 16.00, Fr./Sa. 10.00–18.00, So. 10.00–18.00 (Juli/ Aug. 10.00 bis 17.00) Uhr, ul. Niemierzyńska 18a, www.muzeumtechniki.eu). Neben Konzerten veranstaltet die **Mieczysław-Karłowicz-Philharmonie TOPZIEL** Ausstellungen und Partys (ul. Małopolska 48, Tel. 091 430 95 10, www.filharmonia.szczecin.pl).

AKTIVITÄTEN

Spannende Kulissen für eine **Paddeltour** liefert das »Stettiner Venedig«, ein Komplex historischer Industriearchitektur an der Westoder. Für **Fahrradtouren** stehen City-Bikes bereit (www.bikes-srm.pl).

Stettin: Greifenschloss (o.l.) und Plac Solidarności vor dem Dialogzentrum (o.r.); Mühlentor in Stargard. (u.)

VERANSTALTUNGEN

An den Tagen des Meeres **»Sail Szczecin«** im Juni dreht sich alles um Segelschiffe und Schiffsoldtimer (www.dnimorza.szczecin.eu). Das internationale **Feuerwerkfestival Pyromagic** findet im August statt.

HOTELS/RESTAURANTS

Das elegante **€€ Atrium Hotel** in einer hist. Stadtvilla hat 30 moderne Zimmer und ein sehr gutes italienisches Restaurant (al. Wojska Polskiego 75, Tel. 091 424 35 32, www.hotel-atrium. pl). Unkonventionelle junge Kochkunst, gute Weine und Kaffees sowie Craft Beer gibt es bei **€€ Tkacka Kuchnia Kraftowa** (ul. Tkacka 2a, www.tkacka2.pl).

UMGEBUNG

Das Naturdenkmal **Krummer Wald** (Krzywy Las) bei Greifenhagen (Gryfino, 40 km südwestl.) besteht aus rund 100 etwa 80-jährigen, deformierten Kiefern. Jeweils der unterste Stammabschnitt ist verbogen, sodass die Bäume wie auf dem Kopf stehende Haken aussehen.

INFORMATION

Centrum Informacji Turystycznej pl. Żołnierza Polskiego 20, 70-551 Szczecin Tel. 091 434 04 40, https://visitszczecin.eu

❷ Stargard (Stargard)

Die Hansestadt (68 000 Einw.) an der Ihna (Ina) war einst Hauptstadt von Hinterpommern.

SEHENSWERT

Highlights der alten Stadtbefestigung sind das **Mühlentor** über der Ihna sowie die **Türme** (13.–16. Jh.) Weißkopf, Rotes Meer, Eis- und Kl. Pulverturm. Die gotische Backsteinbasilika **St. Marien** (14./15. Jh.) war einst größte Kirche Pommerns. **St. Johannis** (13./15. Jh.) ist eine dreischiffige Hallenkirche. Der mit Stargarder

Am Hafen von Kolberg (o.l.), Romantik an der Mühlenbake in Swinemünde (o.r.). Ein beliebtes Ziel ist die Steilküste bei Misdroy (u.).

Blende verzierte Turm ist 99 m hoch. Neben dem **Renaissance-Rathaus** (16. Jh.) mit Stufengiebel stehen die barocke Alte Wache und das Haus zum Protzen (15. Jh.).

MUSEEN

Das **Museum für Archäologie und Geschichte** befindet sich am Markt (Rynek Staromiejski 2–4, Tel. 091 577 25 56) sowie in der Bastei (Park Piastowski 1, Tel. 091 577 18 85, beide: 15. Mai–15. Sept. Di.–Fr., So.10.00–17.00, Sa. 10.00–14.00, 16. Sept.–14. Mai Di.–Fr., So. 10.00–16.00, Sa. 10.00–14.00 Uhr, www.muzeumstargard.pl).

INFORMATION

Centrum Informacji Turystycznej, Rynek Staromiejski 4, 73-110 Stargard, Tel. 091 578 54 66, www.cit.stargard.com.pl

❸ Swinemünde (Świnoujście)

Die Stadt (41 000 Einw.) auf Usedom ist der Küstenhafen Stettins. Das ehem. drittgrößte deutsche Ostseebad galt neben Ahlbeck, Bansin und Heringsdorf als »Kaiserbad«.

SEHENSWERT

Die **Promenade** führt über die Grenze in alle großen Usedomer Badeorte. Ein schmaler Küstenwaldstreifen trennt sie vom breiten Sandstrand. Der **Kurpark** (19. Jh.) von Peter Josef Lenné verbindet das Kurviertel mit dem Zentrum. Wahrzeichen ist die **Mühlenbake** (1874, 10 m hoch) auf der Westmole, ein kleiner Leuchtturm in Mühlenform. Der **Leuchtturm** (1857, 64 m) in Osternothafen (Chorzelin) öst-

lich der Swine auf Wollin ist der höchste an der Ostseeküste.

MUSEEN

Zur ehemals preußischen Festung Swinemünde (19. Jh.) gehören die **Engelsburg** (Fort Anioła, ul. Jachtowa 158, Tel. 091 321 35 71, Feb.–April, Okt.–Dez. 10.00–16.00, Mai–Sept. 10.00–18.00 Uhr, www.fortaniola.pl), das **Westfort** (Fort Zachodni, ul. Jachtowa 1, Jan.–März, Nov./Dez. 10.00–15.00, April, Okt. 10.00–16.00, Mai/Juni, Sept. 10.00–18.00, Juli/Aug. 10.00 bis 20.00 Uhr, www.fortzachodni.pl) sowie **Fort Gerhard** mit der »Unterirdischen Stadt«. Der Bunkerkomplex wurde Ende der 1930er-Jahre als »Batterie Vineta« von der Deutschen Wehrmacht begründet und später von der Volksrepublik Polen ausgebaut (Museum für Küstenverteidigung, ul. Bunkrowa 2, Okt.–April 10.00 bis 16.00, Mai/Juni 10.00–17.00, Juli–Sept. 10.00 bis 19.00 Uhr, www.fort-gerharda.pl). Im Alten Rathaus (1806, Uhrturm von 1840) ist heute das **Museum für Hochseefischerei** und Stadtgeschichte untergebracht (Juli/Aug. Mo. 7.00 bis 15.00, Di.–So. 10.00–18.00, Sept.–Juni Di. bis Sa. 9.00–17.00, So. 10.00–15.00 Uhr, pl. Rybaka 1, https://muzeum.swi.pl).

VERANSTALTUNG

Seit 1882 finden im Aug. die **Kaisertage** statt.

HOTEL

Sehr schöne Gästezimmer im Kurviertel hat die Pension €€ **Muszelka** (ul. J. Słowackiego 20, Tel. 051 017 42 10 und 051 473 78 05, www.pokoje-muszelka.pl).

INFORMATION

Informacja Turystyczna, pl. Słowiański 6/1 72-600 Świnoujście, Tel. 091 322 49 99 www.swinoujscie.pl

❹ Misdroy (Międzyzdroje)

Der kleine Badeort (5000 Einw.) auf der Insel Wollin wird im Sommer von vielen tausend Urlaubern bevölkert.

SEHENSWERT

Hauptachse ist die 2 km lange **Seepromenade**; Bummelmeile und Schiffsanlegestelle

die von Lokalen, Bars und Klubs umgebene **Seebrücke** (Molo, 1996–2004, 395 m) mit zweitürmigem Torgebäude. Rund um den hist. **Kurpark** (um 1900) sind mehr als 30 Villen, Kurhäuser und Hotels aus der Zeit des Historismus erhalten. Die 1996 à la Hollywood und Cannes geschaffene **Allee der poln. Filmstars** (Aleja Gwiazd) wurde 2018 modernisiert.

Tipp

Knatternde Filmkunst

Eine echte Kultstätte für Cineasten ist das Stettiner Kino »Pionier 1907«. In jenem Jahr als »Helios Welt-Kino-Theater« eröffnet, zählt es zu den ältesten, ununterbrochen betriebenen Lichtspielhäusern der Welt. Immer noch intakt sind der knatternde Projektor (im Ruhestand) und ein 1898 in Stettin gebautes Klavier, auf dem Stummfilme begleitet werden. 2002 hat man beide Säle originalgetreu saniert. Der kleinere ist eine Kombination aus Kino und Café. Täglich gibt es zwei Vorstellungen.

al. Wojska Polskiego 2
Tel. 091 434 77 02
www.kino-pionier.com.pl

Über den **Wolliner Nationalpark** informiert ein kleines Museum unweit des Postamtes (ul. Niepodległości 3, Di.–Fr. 9.00–15.00, Sa. 9.00 bis 16.00 Uhr, www.wolinpn.pl).

UMGEBUNG

Wahrzeichen des **Wolliner Nationalparks** ist seine Steilküste (15 km). Höchste Erhebungen sind Kaffeeberg (Kawcza Góra, 61 m, 2 km nordöstl.) und Gosanberg (Góra Gosan, 94 m, 4 km nordöstl.), durch Treppen mit dem Strand verbunden. Wisente sieht man in den Gehegen des Wildparks (Pokazowa Zagroda Żubrów, 1,5 km östl.). Das Slawen-und-Wikinger-Freilichtmuseum (S. 71) wartet in **Wollin-Hagen** (Recław 37, April–Juni, Sept./Okt. 10.00–16.00, Juli/Aug. 10.00 bis 18.00 Uhr, www.jomsborg-vineta.com). Bei **Neuendorf** (Wisełka, 10 km nordöstl.) steht der Leuchtturm Kikut (19. Jh., 15 m, 91,5 m ü. NN). Das ehem. Fischerdorf **Rewahl** (Rewal, 45 km östl.) an einem malerischen Steilufer ist im Sommer ein lebhafter Kurort. Fluctus und Ventus heißen die beiden Walskelette im Zentrum, die der Kolberger Künstler Wiktor Szostała nach einer alten Legende schuf. Direkt auf einer Klippe sonnt sich die Kirchenruine (15. Jh.) von Hoff (Trzęsacz).eht die Kirchenruine (15. Jh.) von **Hoff** (Trzęsacz).

INFORMATION

Informacja Turystyczna, ul. Promenada Gwiazd 2, 2-500 Międzyzdroje, Tel. 091 328 04 41 www.miedzyzdroje.pl

⑤ Kolberg (Kołobrzeg)

Die Hafen- und Kurstadt (46 000 Einw.) liegt an der Mündung der Persante in die Ostsee. Ihre Gründung geht zurück auf die Solequellen, die noch heute für Heilzwecke genutzt werden.

SEHENSWERT

Zu den wenigen erhaltenen Bauten der **Altstadt** gehören der Kolberger Dom und der Pulverturm (beide 14. Jh.), das nach Entwürfen Karl Friedrich Schinkels gebaute Rathaus (1829/32) und das Braunschweigische Haus (17. Jh.). Wahrzeichen ist der auf ein altes Fort gesetzte **Leuchtturm** am Hafen. An der Strandpromenade steht das Denkmal der Vermählung Polens mit dem Meer (1963).

HOTEL/RESTAURANT

Komfort unweit vom Strand bietet das Fünf-sterne-Wellness-Hotel €€€ **Aquarius Spa** mit Slow-Food-Restaurant (Kasprowicza 24, Tel. 094 353 64 00, www.aquariusspa.pl).

INFORMATION

MIT Ratusz, ul. Armii Krajowej 12
78-100 Kołobrzeg, Tel. 094 355 13 20
https://kolobrzeg.eu

⑥ Rügenwalde (Darłowo)

Die Stadt (13 5000 Einw.) an der Wipper (Wieprza) verdankt ihren deutschen Namen den ostgermanischen Rugiern, ihren polnischen Namen der slawischen Burg Dirlow, die früher an der Wippermündung stand.

SEHENSWERT

Das als Wasserburg erbaute **Rügenwalder Schloss** war eine von zehn Residenzen der Pommernherzöge. Prominentester Hausherr war Bogislaw (um 1382–1459), der nach seiner Herrschaft als König von Dänemark, Schweden und Norwegen Seeräuber wurde und als Herzog Erich I. von Pommern nach Rügenwalde zurückkehrte. Den Ausbau seines Schlosses finanzierte er aus der Piratenbeute (ul. Zamkowa 4, Tel. 094 314 23 51, www.zamekdarlowo.pl). Die **Marienkirche** (14. Jh.) ist eine dreischiffige Basilika. In der Fürstengruft befinden sich die Sarkophage Erichs I. sowie zweier Herzoginnen.

UMGEBUNG

Das Seebad **Rügenwaldermünde** (Darłówko, 3 km nordwestl.) wird von der Wippermündung in zwei Hälften geteilt. Verbunden sind sie durch eine Schiebebrücke (nur für Fußgänger) neben der Hafeneinfahrt, wo auch der Leuchtturm steht.

INFORMATION

Centrum Obsługi Turystycznej
ul. Pocztowa 6, 76-150 Darłowo
Tel. 051 930 30 32
www.darlowo.com.pl

PILGERN DURCH NORDPOLEN

Religiöse Stätten und malerische Orte in meist stillen und menschenleeren Landschaften verbindet der Pommersche Jakobsweg (Pomorska Droga św. Jakuba), kurz Via Baltica genannt (nicht zu verwechseln mit der gleichnamigen Europastraße 67).

Seinen Anfang nimmt der 780 km mittelalterliche Pilgerweg, der auch durch das russische Königsberg (Kaliningrad) führt, im litauischen Kretinga. Natürlich kann man die historische Route parallel zur Ostseeküste auch genau andersherum in Angriff nehmen. Zwischen Braunsberg (Braniewo) im Osten und Swinemünde im Westen verläuft sie im Norden Polens. Gelbe Sonnenmuscheln auf blauem Grund schossen hier seit 2014 wie Pilze aus dem Boden. Allein in Westpommern taucht das Logo des Jakobsweges jetzt über 2200 Mal auf. Zur Orientierung dienen außerdem steinerne Obelisken mit Infotafeln.

Zu den interessantesten Stationen für echte Jakobsjünger zählt Lauenburg, das maßgeblich an der Wiederbelebung der polnischen Strecke beteiligt war. Seine Geschichte ist eng mit dem Kult um den Apostel verbunden. Als die Stadt im Lebatal 1341 gegründet wurde, begann auch der Bau der Jakobskirche, bis heute ihr Wahrzeichen.

....

Einfache Pilgerunterkünfte bieten folgende Pfarrhäuser:
Lauenburg, ul. Basztowa 8, Tel. 059 862 22 44 www.lebork.francisz-kanie.pl, 14 Betten
Leba, al. św. Jakuba 25, Tel. 073 033 08 18, www.parafia.net, 5 Betten
Beide leihen kostenlose Audio-Guides aus.

Weitere Übernachtungsadressen und Infos beim Polnischen Jakobsweg-Verein, Tel. 069 846 84 33, www.camino.net.pl

Lauenburger Jakobstage: einwöchiges Volksfest mit vielen Veranstaltungen im Juli, www.leborskiednijakubowe.pl

Es müssen nicht die vollen 780 km sein. Auch kürzere Strecken bescheren dem achtsamen Wanderer schon ein Pilgergefühl.

Ermland-Masuren

*

IM LAND DER LANGSAMKEIT

*

Rund 2700 Seen gibt es in den Masuren. Kleine Flüsse schlängeln sich hindurch, die sich perfekt zum Paddeln eignen. Oft kann man ihrem Lauf auf Rad- und Wanderwegen folgen. Dort, wo man immer mehr alte Burgen sieht, fängt das Ermland an mit seinen grünen, blauen Weiten. Gut darin versteckt: liebevoll geführte Landgasthäuser.

Abendstille am Spirdingsee bei Nikolaiken. Ein kleiner Teil der Masurischen Seenplatte wurde im Jahr 1977 zum Landschaftsschutzpark Masuren erklärt. Dieser See gehört dazu.

Auf dem Bienenhof (Siedlisko Pasieka) heißen zwei Ökologen Gäste willkommen.

Dünne Nebelschwaden wachsen aus den Wiesen. Wie frischer Atem mischen sie sich mit dem Duft von Kiefernnadeln, Heu und feuchtem Gras, der durchs offene Küchenfenster strömt. Ein heißer Sommertag neigt sich dem Ende zu. »In Ermland kann man riechen, wenn es Abend wird« meint Marta Wysokińska und holt die Brote aus dem Ofen. Damit sorgt die junge Frau in Jeans und T-Shirt für noch mehr Wohlgeruch im »Siedlisko Pasieka« (Bienenhof). Das kleine bäuerliche Anwesen ist Familienwohnsitz, Ferienranch und Imkerei. Es liegt in einem Wald am Teich, irgendwo zwischen Allenstein und Heilsberg, mitten in der stillen Wildnis Ermlands.

HONIG IN ALLEN BERNSTEINFARBEN

Im Haus des Bienenhofs klappern Teller und Besteck, denn hier dreht sich gerade alles um das Essen. Während Marta die Suppe vorbereitet, stellt ihr Mann Tomek Schälchen auf den Tisch und füllt sie mit Honig in allen Bernsteinfarben – von tiefem Dunkelbraun bis Beinahe-Weiß. Bevor das Abendessen fertig ist, dürfen die Gäste davon kosten. Eine Sorte schmeckt ihnen besser als die andere. Die Erzeuger freuen sich. Marta und Tomasz Wysokiński, beide 40, beide Ökologen, kamen aus reinem Zufall zu

den Bienen. Ein befreundeter Imker sei schuld gewesen. »Als er in die Stadt umzog, vererbte er uns seine Bienenstöcke samt Bewohnern«, erzählt der Mann. Mittlerweile tummeln sich 70 Völker im privaten Wald der Wysokińskis. Mit einem jährlichen Honigertrag von zwei Tonnen revanchieren sich die fleißigen Insekten für die liebevolle Pflege. Und noch einen Vorteil kann der Imker für sich nutzen: »Der Boden hier ist nicht sehr fruchtbar. Darum gibt es keine großen Äcker und kaum Probleme mit Agrarchemie«, erklärt Tomek. Massenhaftes Bienensterben sei in diesen Breiten noch kein Thema, sagt er und hofft, dass es so bleibt.

HAUS FÜR KLEINE GELDBEUTEL

Schon beim Studium träumte das Paar davon, der Großstadt zu entfliehen – und zwar nach Ermland. »Hier sind Natur und Landleben noch sehr ursprünglich und die Preise günstig«, kommentiert Marta. Diverse Jobs im Ausland und eisernes Sparen halfen ihnen, sich 2010

ihren Traum zu erfüllen. 14 Hektar Eichen, Kiefern sowie 13 weitere Arten. Mittendrin ein ermländisches Bauernhaus, gebaut vor mehr als 100 Jahren. Bis Anfang der 1990er-Jahre wurde das Gehöft bewohnt. Danach lag es brach. »Fast alles war kaputt«, berichtet Tomek. Die jungen Eheleute kauften Wald und Hof und schufen daraus ihr Domizil – nicht nur für die eigene Familie. Die drei geräumigen, gemütlichen Gästezimmer sind fast stets belegt.

DAS LANDLEBEN IST IM ERMLAND NOCH SEHR URSPRÜNGLICH.

NEUE LANDLUST: BIO, KREATIV, RELAXT

»Es spricht sich herum, dass es in Ermland und den Masuren außer den bekannten noch viele andere schöne Plätze gibt«, sagt Artur, der mit seinem Partner Tomas die Landpension Fajne Miejsce (Schöner Ort) betreibt. Das hübsche Häuschen mit weitläufigem Grundstück liegt am Rande des Dorfes Lokau (Tłokowo), dessen prächtige Kirche ein wahres Kleinod gotischer Backsteinbaukunst ist. Der Ringsee (Jezioro Pierścień), den man von dem leicht erhöht liegenden Haus sehen kann, ist nur 150 Meter ent-

Vor der Ruine der Ordensburg von Ortelsburg (Szczytno) stehen riesige, im traditionellen Stil geschnitzte Holzfiguren.

Beseelt und glücklich: Kommunionskinder vor der Kirche St. Peter und Paul in Heilsberg (Lidzbark Warminski).

Wo einst die ermländischen Fürstbischöfe von Heilsberg residierten, lassen es sich heute die Gäste des Schlosshotels Zamek Krasicki gutgehen.

Links: Russisch-ortho-
doxe Kirche in
Eckertsdorf (Woj-
nowo). Rechts: In
Ermland finden die
Bienen noch die
ganze Saison über
ausreichend Blüten.

Schnitzkünstler Adam Ekiert im Freilichtmuseum Hohenstein (Olsztynek) pflegt den
traditionellen Stil.

Freilichtmuseum Hohenstein (Olsztynek) zeigt, wie vor nicht allzu langer Zeit in Ermland-Masuren
gelebt und gewirtschaftet wurde. Sieht romantisch aus, war es aber oft keineswegs.

Die weiten Landschaften, hier bei Cadinen (Kadyny), bieten Entspannung für Auge und Seele.

Störche

Special

Auf jedem Dach ein Nest

Mit rund 50 000 Paaren nistet annähernd ein Viertel aller Weißstörche der Welt in Polen, die meisten davon im äußersten Nordosten des Landes. Den Grund dazu liefern vor allem die weiten Wiesen- und Feuchtflächen dieser Region, die den alljährlich im Frühjahr zurückkehrenden Zugvögeln optimale Nahrungsbedingungen bieten. In einigen Orten ist fast jedes Gebäude von mehreren, ein bis zwei Tonnen schweren Nestern bedeckt. Allein in Schewecken (Żywkowo) an

Immer ein schöner Anblick …

der Grenze zu Russland sind es mehr als 40. Etwa 160 Weißstörche leben hier im Sommer – fünfmal so viel wie Menschen. Von einem Aussichtsturm kann man ihrem Klappern lauschen und sie beim Füttern der Jungen beobachten.

Insgesamt 13 solcher »Storchendörfer« verbindet der 150 km lange ermländisch-masurische Storchenweg. Ebenfalls von Naturliebhabern geschätzt wird die podlachische Storchenroute (Podlaski Szlak Bociani, 413 km), die sich vom Białowieża- durch den Biebrza- bis zum Narew-Nationalpark erstreckt. Sie beginnt im Ort Festung Ossowitz (Osowiec-Twierdza), dem »Eingang« zum Biebrza-Nationalpark, und führt auch durch das »Europäische Storchendorf« Tykocin. Der dortige Gutshof Pentowo verzeichnet mit 20–30 Brutpaaren jährlich die landesweit höchste Storchenkonzentration.

fernt. Zwischen den hügeligen Wiesen rund herum findet jeder sein privates Ruheplätzchen. Für Mußestunden werden Stoffdruck-Workshops und vegane Kochkurse angeboten.

NETZWERK FÜR DEN ÖKOTOURISMUS

Ähnlich wie die Waldimkerfamilie entschied sich das Designer-Paar Artur und Tomas für ein Leben auf dem Land und dafür, es mit anderen zu teilen. Auch ihr liebevoll gepflegtes Anwesen gehört zum regionalen Ökotourismus-Netzwerk »Revita Warmia«. Dessen Gründer sind die Künstler-Eheleute Marcelina Mikułowska und Rafał Mikułowski, die in Seeburg (Jeziorany) leben und arbeiten. Mitglieder des Vereins sind zwei Dutzend Biobauernhöfe, Landpensionen und -gasthäuser, Handwerker und Kreative. Während der Saison veranstalten sie jeden Samstagvormittag auf dem Seeburger Marktplatz einen Ökomarkt (Eko Torg) und bieten dort ihre Werke und Produkte feil. Immer mit dabei sind neben Martas und Tomeks Honig auch die veganen Köstlichkeiten des »mobilen Restaurants« von Ewa Pe und Käsespezialitäten von der Schäferei Lefevre.

KÄSEMACHEN GEGEN STRESS

Im Sommer mangelt es nicht an Besuchern auf dem Käsehof. »Viele unserer

Die folgenreiche Schlacht bei Tannenberg (polnisch »bei Grunwald«) am 15. Juli 1410 wird zu jedem Jahrestag am masurischen Originalschauplatz nachgestellt.

Die »historischen Lager« zwischen Tannenberg und Grünfelde werden während der Grunwald-Tage von etwa 4500 Hobbyrittern bevölkert.

Mit viel Körpereinsatz, noch mehr Geschrei und Geschepper werfen sich die Kämpfer in das spielerische Schlachtgetümmel.

Kostüme werden mit viel Mühe und Liebe zum Detail gefertigt.

Kunden kommen direkt auf den Hof, um Käse zu kaufen«, sagt Stéphane Lefevre. Der Franzose hatte jahrelang Brautkleider in Warschau verkauft, wo er seine Frau Magdalena kennenlernte. »Während des Studiums hatte ich oft in Ermland zu tun", erzählt die promovierte Landschaftsarchitektin. »Ich verliebte mich in seine stille Schönheit und wusste: Wenn ich einmal das Stadtleben aufgebe – dann nur dafür.« 2014 zogen sie, ihr Mann und ihre Tochter sowie 17 Lacaune Milchschafe aus Frankreich nach Kerstinowen (Kiersztanowo) bei Sensburg (Mrągowo), um eine neue Existenz aufzubauen. Mittlerweile blöken in den Ställen 72 Tiere, die das Ehepaar eigenhändig melkt. Aus 1500 Liter Milch stellen sie monatlich 300 Kilogramm Käse her – meist Roquefort, und Frischkäse, aber auch Spezialitäten mit Ingwer, Mohn, Feige und Eichelasche.

Parallel zur Eröffnung der Marktsaison in Seeburg findet in Heilsberg das alljährliche Käsefestival statt. Anfangs eine reine regionale Angelegenheit, treffen sich inzwischen dort Liebhaber und Produzenten aus ganz Polen. Da wird probiert und gefachsimpelt, gekocht und gefeiert. Höhepunkt ist ein Wettbewerb um die besten Produkte. Zu den Preisträgern gehörten bereits die Lefevres: mit ihrem Aschekäse »Schwarzes Schaf«.

SPEKTAKEL IN DER LANDIDYLLE

Das ländliche, nur dünn besiedelte Ermland im Nordosten Polens bildete zusammen mit dem Oberland und Masuren, dem litauischen Memelland und dem Königsberger Gebiet bis 1945 die deutsche Provinz Ostpreußen. Einst lebte hier das baltische Volk der Pruzzen. Bevor der Landstrich 1466 als Fürstbistum an Polnisch-Preußen und 1772 an das preußische Königreich fiel, war es vom 13. bis 15. Jahrhundert Teil des Deutschordensstaates. Entscheidend für dessen Niedergang im 15. Jh. war der Sieg der Polen und Litauer in der Schlacht von Tannenberg (Stębark) bei Grünfelde (Grunwald) am 15. Juli 1410. Diesem nationalen Mythos wurde in dem masurischen Dorf eine Gedenkstätte gewidmet.

Zu jedem Jahrestag setzen es über tausend Freiwillige bei einem mittelalterlichen Massenspektakel in Szene. Aus Protest gegen nationalistische Tendenzen erscheinen zur Generalprobe »Anti-Helden« in Spaßkostümen – etwa als Pippi Langstrumpf oder Dinosaurier. Der Tannenberg-Weg (Szlak Grunwaldski), eine 283 km lange Autoroute, verbindet alle Schauplätze der Schlacht.

VON TRÄUMEN UND ALPTRÄUMEN

Die Langsamkeit, die man an vielen Orten Ermlands spürt, ist in kleinen Städten wie Rößel, Heilsberg oder Bischofsburg (Biskupiec) Programm. Denn mit dem Anschluss an die internationale Cittàslow-Bewegung erhebt man hier die hausgemachte Lebensqualität zum leitenden Prinzip. Aussteiger und Großstadtflüchtlinge werden zu Biobauern, Natur- wie Landliebhaber entdecken die Region als individuelles Reiseziel, das in den Träumen alter Tage schlummert.

An den Großen Masurischen Seen (Spirding- und Mauersee) nur ein paar

EIN SPEKTAKEL IM ZEICHEN DER RITTER UND RECKEN

Spirdingsee bei Nikolaiken. Er ist nicht nur ein herausragendes Segelrevier. An seinen Ufern kann man Koniki, eine alte polnische Pferderasse, in freier Wildbahn sehen.

Badespaß an einem der rund 2700 masurischen Seen.

Kilometer westlich sieht das schon anders aus. Schon vor über 100 Jahren tummelten sich in dem Wald-und-Seen-Land die Sommerfrischler. Heute hält bereits der Massentourismus Einzug. In Orten wie Lötzen, Nikolaiken, Angerburg oder Ruczanny muss man zuweilen lange suchen, bis man ein ruhiges Plätzchen findet. Über 10 000 Segelboote und Jachten pro Saison tummeln sich auf den populärsten Strecken. Dass die Zahl motorisierter Wassersportaktivitäten wächst, ist besonders störend.

MASSENTOURISMUS AN DEN SEEN
Krzystof A. Worobiec findet klare Worte: »Im Sommer sind die Großen Seen bis zu den Grenzen des Erträglichen überlaufen.« Der Umweltschützer und Gästehausbetreiber ist über die stürmische Entwicklung des Tourismus in seiner Heimat sehr besorgt. Dass es heute vielen seiner Landsleute wirtschaftlich besser geht als früher, dass sie mehr Freizeit haben und mobiler sind, sei in den letzten Jahren deutlich zu spüren, sagt Worobiec. »Besonders an den Wochenenden«, fügt er hinzu. Für Warschauer mit Auto seien die 200 Kilometer entfernten Masuren ein Ausflugsziel.

Im Verein »Satyba« engagiert sich der nachhaltig denkende Geschäftsmann für die Bewahrung der Kulturlandschaften in Ermland-Masuren (S. 93). Außer Wäl-

Die Krutinna (Krutynia) ist Polens beliebtester Paddelfluss. Sie entspringt in der Umgebung des Warpuhner Sees (Jezioro Warpuńskie) und mündet in den Beldahnsee (Bełdany).

dern (die die Wojewodschaft zu beinahe einem Drittel bedecken) und Alleen sind das vor allem viele tausend Seen. Allein rund 2700 davon messen über einen Hektar. Die Masurische Seenplatte (Pojezierze Mazurskie) spielt fürs Trinkwasser eine Rolle, bildet sie doch das größte Süßwasserreservoir Polens. »Aus ökologischer Sicht sind jedoch nicht die Gewässer am wertvollsten, sondern die Grenzzonen von Wasser und Land sowie die Feuchtgebiete und daran anschließende Biotope mit ihrer enormen Artenvielfalt«, erklärt der Aktivist.

Durch die Schaffung sogenannter Öko-Marinas versucht der Staat, die Umweltbelastung im Rahmen zu halten.

Zwölf Anlegestellen wurden dazu an das Sanitärnetz und die Müllentsorgung angeschlossen.

Dennoch, bemängelt der Naturschützer von »Satyba«, werden Biotope weiterhin beschädigt oder gar zerstört – etwa durch die fortschreitende Bebauung von Ufern und die illegale »Landgewinnung« durch Zuschütten von Sumpfgebieten und sogar Seeflächen.

Nicht zuletzt schränken immer mehr private Bauten die Aussicht auf die Seen ein oder versperren sie.

Dass Menschen hohe Mauern in die Landschaft bauen, deren Schönheit sie einst selbst bewundert haben, findet Krzystof Worobiec schlichtweg paradox.

SCHÄTZE BRAUCHEN SCHUTZ

Bemühungen, einen Nationalpark Masuren zu schaffen, scheiterten bislang an der Tourismuslobby. Immerhin stehen insgesamt etwa 40 Prozent des Seengebietes unter Naturschutz. Dazu gehören mehr als 100 Reservate wie der Lucknainer See oder die Taberbrücker Kiefern (Sosna Taborskie) nahe Locken (Łukta). Die für ihre bis zu 40 Meter hohen, besonders geraden Stämme berühmte Baumart war früher weltweit für den Schiffsbau gefragt.

WALD, MOOR UND SEE

Im Naturschutzgebiet auf der Popiellner Halbinsel zwischen Spirding- (Śniardwy), Warnold- (Warnołty), Beldahn

In der ehemaligen Hansestadt Elbing imponiert die gotische Nikolauskirche aus dem 13. Jh.

(Bełdany) und Nikolaiker See (Mikołajskie) leben vier Herden ausgewilderter Koniki – Ponys einer alten, osteuropäischen Rasse. Betreut werden die Tiere durch eine Forschungs- und Zuchtstation in Popiellnen (Popielno), wo es auch zwei alte masurische Holzhäuser und einen Jachthafen gibt.

Die Hälfte aller Reservate Ermland-Masurens befinden sich innerhalb der acht Landschaftsparks. Einer davon ist die Rominter Heide (Puszcza Romincka), wegen ihrer nordischen Vegetation auch »Polnische Taiga« genannt. Am bekanntesten ist der Masurische Landschaftspark (Mazurski Park Krajobrazowy) mit seltenen Bewohnern wie der Europäischen Sumpfschildkröte, besonderen Orchideenarten, der Schwarzen Krähenbeere sowie der Heidelbeerweide im Torfmoor Selbongen (Zełwągi). Zwei seiner schönsten Reservate sind das Wald- und Torfmoorschutzgebiet Königskiefer (Królewska Sosna) sowie Zakręt – drei versteckte, verlandende Seen mit vielen Hochmoorpflanzen, Kiefern und 200-jährigen Stieleichen. Das Parkgebiet umfasst den nördlichen Teil der Johannisburger Heide (Puszcza Piska), den Spirdingsee und 60 weitere sowie den Verlauf der Krutinna (Krutynia). Wegen ihrer herrlichen landschaftlichen Umgebung ist sie Polens beliebtester Paddelfluss.

ÜBER ALLE BERGE MIT DEM SCHIFF

Für Schiffserlebnisse der besonderen Art sorgt der Oberlandkanal (Kanał Elbląski). Mitte des 19. Jahrhunderts gebaut, um das Frische Haff mit der Eylauer Seenplatte zu verbinden, gilt dieser künstliche Wasserweg als weltweit einzigartige Konstruktion. Denn um den Höhenunterschied von bis zu 99 Metern zwischen Küste und Binnenland zu überwinden, wurden zwischen den Kanalabschnitten fünf Rollberge integriert. Jedes Schiff samt Passagieren fährt so – bergauf, bergab – per Schienenwagen über grüne Hügel. Für die kompletten 82 Kilometer von Elbing bis Osterode braucht ein Schiff etwa elf Stunden. Man kann auch Teilstrecken befahren oder eine Route buchen, die Seen und Flüsse einbeziehet.

AN JEDER ECKE EINE BURG

An die ereignisreiche Vergangenheit dieses unscheinbaren Landstrichs erinnert ebenso die Route der Masurischen Befestigungsanlagen. Dazu gehören neben den wehrhaften Schlössern und Kirchen auch Bunkerkomplexe wie die »Wolfsschanze« bei Görlitz (Gierloż), vor allem aber die vielen, meist sorgfältig restaurierten Bischofsburgen. Zu den bekanntesten der wuchtigen gotischen Backsteinbauten gehören die in Allenstein, Heilsberg und Frauenburg. Neben ihrer architektonischen Schönheit fesseln sie auch durch ihre Geschichte: Alle drei waren zeitweise Wohn- und Wirkungsorte des berühmten Wissenschaftlers Nikolaus Kopernikus (1473–1543). Um seinem Onkel, dem Fürstbischof Lucas Watzenrode, zu die-

KLUGE FORSCHER, GROSSE TATEN
»IM HINTERSTEN WINKEL DER WELT«

nen, kam er als junger Gelehrter nach Ermland und verbrachte hier den größten Teil seines Lebens. Neben der Verwaltungsarbeit als Domherr widmete sich Kopernikus der Wissenschaft. Ausgerechnet in Frauenburg, das, wie er an den Papst schrieb, »im hintersten Winkel der Welt« liege, gelangte er zu der Überzeugung, dass sich die Erde um die Sonne dreht. Mit diesem heliozentrischen Weltbild leitete er die »Kopernikanische Wende« ein – eine wichtige Zäsur im Übergang vom Mitrtelalter zur Neuzeit.

Unten: Foucault-Pendel im Radziejowski-Turm der Frauenburger Domburg.
Rechts: Am Oberlandkanal fahren die Schiffe sogar über einige Berge.

Klassische Schifffahrt auf dem Oberlandkanal.

In der Frauenburger Domburg betrieb der Astronom Kopernikus seine bahrbrechencen Studien.
Hier ist er auch beigesetzt. Ein Denkmal vor dem Burgberg erinnert an den großen Gelehrten.

Alleen

GRÜNE KORRIDORE FÜR MENSCH UND TIER

Abseits der Städte gleichen Masuren und das Ermland einem wunderbaren Bilderbuch aus alter Zeit. Wer darin blättert, sieht: dieses Seen- und Wälder-Reich ist auch ein Alleenland.

Ein See, ein Wald, ein See. Dann wieder sanfte Hügel, bedeckt von grün-goldgelben Flickenteppichen. Hier hat sich ein Ziegeldach darin versteckt, dort ragt daraus ein Kirchturm vor – kantig wie Uromas Standuhrkasten und mit ebensolchen Schnörkeln obendrauf. Lerchen trällern. Der Geruch von reifem Korn durchströmt die heiße Sommerluft. Tragende Rollen dieses stillen Schauspiels spielen charakterstarke Linden, Eschen, Eichen oder Birken. An beiden Straßenrändern stehen sie, die dicht belaubten Kronen zu einem imposanten Dach vereint. Bisweilen ist die Straßenqualität sehr schlecht und normalen Autos fast nicht zuzumuten. Das ist auch ein Vorteil: Sie zwingt dem Reisenden das Tempo dieses Landstrichs auf. Um bei all den Löchern keine Pannen zu riskieren, muss man streckenweise sein Gefährt in Schrittgeschwindigkeit bewegen. Auf diese Weise lässt sich die Schönheit dieser Kulturlandschaft in ihrer ganzen Pracht genießen.

KAMPF UM DIE ERHALTUNG

Doch wie lange noch? Immer mehr Alleen verschwinden, um neuen, breiten Straßen Platz zu schaffen. Während sie anderswo längst Geschichte sind, konnten sich die grünen Tunnel im verträumten Ermland-Masuren bis in diese Tage retten. Nun will ihnen der »Fortschritt« an den Kragen. Doch es gibt Widerstand – zum Glück auch mit Erfolg.

»Ich kenne keine Landschaft Europas, die so von Alleen geprägt ist wie Ostpreußen«, schrieb der Schriftsteller Arno Surminski, der 1934 im Dorf Jäglack (Jeglawki) bei Rastenburg geboren wurde. Der ihn zitiert, ist Krzysztof A. Worobiec. Der Geograf kämpft für die Erhaltung der masurischen Kulturlandschaften. Die Alleen stehen dabei an vorderster Stelle. »Alleen gehören in die Masuren wie die Seen und Wälder. Sie dürfen nicht auf dem Altar der Modernisierung geopfert werden«, sagt Krzysztof. Viele wurden gepflanzt, um den Park eines herrschaftlichen Anwesens mit der natürlichen Umgebung zu verbinden, Besuchern das Geleit zu geben.

Noch heute erinnern die bejahrten, in Reih und Glied platzierten Bäume – gleich groß, im einheitlichen Laubkostüm – an die Ehrenformationen livrierter Diener.

DACH UND ORIENTIERUNGSHILFE

Neben ideellen und ästhetischen erfüllten die Alleen früher vor allem nützliche Funktionen: Sie sollten Raum organisieren, Wetterschutz und Orientierung im Gelände geben. »Und sie waren und sind Lebensraum und Wanderkorridore für Menschen wie für Tiere. Denn als Verbindungen zwischen Naturräumen ermöglichen sie Lebewesen die geschützte Fortbewegung von hier nach da«, erklärt Worobiec. Nicht zuletzt seien es tolle Fahrradreviere, so der Aktivist.

Doch leider sähen viele in den Alleen nur alte, enge Straßen, die den Fortschritt behinderten und Gefahren darstellten. Schuld an voreiligen, unumkehrbaren Entscheidungen sind nach Krzysztofs Meinung allerdings nicht allein die regionalen Behörden, sondern auch die EU. »Indem sie die Vergabe von Fördermitteln an die Einhaltung technischer Parameter wie etwa Fahrbahnbreiten bindet, fordert sie quasi die Abholzung der schützenswerten Bäume«, erklärt er. Um die Vernichtungswelle aufzuhalten, rief sein Verein Sadyba 2004 die Aktion »Retten wir die Alleen!« ins Leben. Polen aller Generationen schlossen sich dem Protest an und überzeugten die Behörden. Worobiec weiß, dass es noch viel zu tun gibt. Auch wenn die öffentliche Meinung inzwischen hinter den Alleen steht.

Die masurischen Alleen sind nicht nur nostalgisch, sondern erfüllen wichtige Funktionen als Wind- und Wetterschutz und als Verbindung zwischen Naturräumen.

Fakten & Informationen

Einige der schönsten Alleen in Ermland-Masuren befinden sich auf den Strecken:
Heiligelinde (Święta Lipka) – Rößel (Reszel), Woritten (Woryty) bzw. Leißen (Łajsy) – Dietrichswalde (Gietrzwałd), Rastenburg (Kętrzyn) – Steinort (Sztynort)
weitere sehenswerte Alleen:
Schlosspark Loßainen (Lężany), Taberbrücker See (Jezioro Tabórz), Park und See von Steinort (Sztynort)

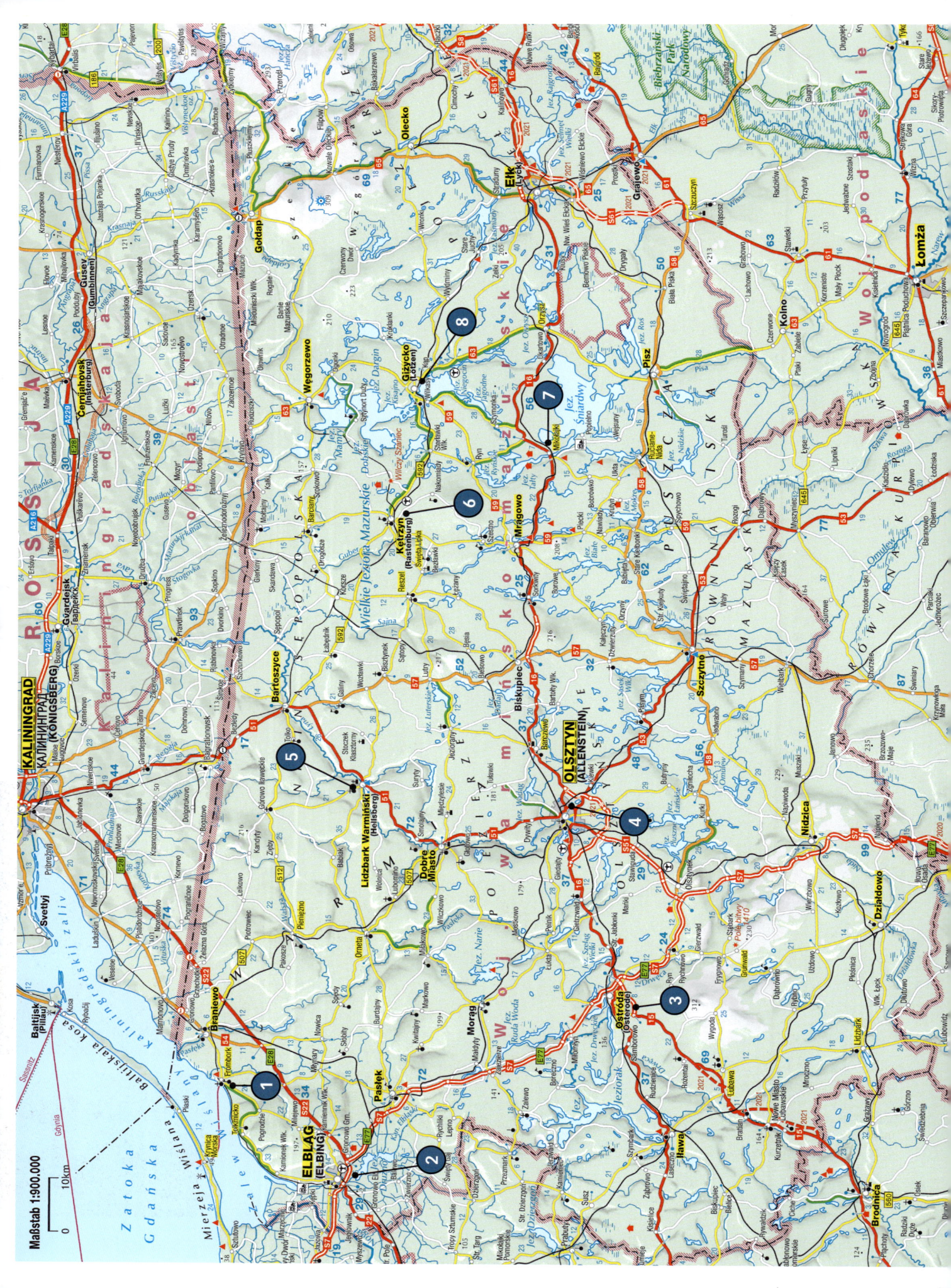

BURGEN, BOOTE, BIOHÖFE

Der traumhaft schöne Fluss Krutinna ist im Sommer voller Paddler. Die Route auf der Allee gleich daneben ist hingegen noch fast ein Geheimnis. Im Wald und auf der Straße von Popiellnen kann man wilde Pferde treffen, rauflustige Ritter in Grünfelde, wo einst die größte Schlacht des Mittelalters tobte.

❶ Frauenburg (Frombork)

Sie liege »im hintersten Winkel der Welt«, schrieb Nikolaus Kopernikus über die verträumte Stadt (2300 Einw.) am Frischen Haff.

SEHENSWERT
Der **Frauenburger Dom** (14. Jh.) mit dem Kopernikus-Grab ist der größte Backsteinbau Ostpreußens. Im **Radziejowski-Glockenturm** gibt es ein Planetarium (tgl. Show 9.30, 10.20, 12.00, 13.40, 15.20 Uhr) und einen Nachbau des Foucaultschen Pendels, mit dem Nikolaus Kopernikus die Erdrotation bewies.
Das **Museum** im Bischofspalast widmet sich diesem Gelehrten sowie regionaler Geschichte und Kunst (ul. Katedralna 8, tgl. 9.30–17.00 Uhr, www.frombork.art.pl).

UNTERKÜNFTE
Erholung mit Gartentherapie im Biohof bietet das ländliche Gästehaus **€€ Frombork Siedlisko** (Ronin 15, Tel. 060 443 75 00, www.frombork-siedlisko.pl).

INFORMATION
Informacja Turystyczna, ul. Młynarska 5a
14-530 Frombork, Tel. 055 244 06 77
www.frombork.pl

❷ Elbing (Elbląg)

Die Hansestadt (120 000 Einw.) zwischen Frischem Haff und Drausensee (Druzno) ist nach Allenstein die einzige größere Stadt in Ermland-Masuren.

SEHENSWERT
Gotische Baukunst vom 13. Jh. an repräsentieren der **Dom St. Nikolaus** mit seinem 97 m hohen Turm, die Kirche zur Heiligen Jungfrau Maria, das Markttor und der gotische Speicher, die Corpus-Christi-Kirche, die Kirche zum Heiligen Geist, die Ruine des Dominikanerklosters sowie Teile des Schlossvorhofs und der Stadtmauer. Zu den Exponaten des **Museums für Archäologie und Geschichte** (Di.–So. 11.00 bis 18.00 Uhr, www.muzeum.elblag.pl) zählen Funde aus über 600 Gräbern der Wielbark-Kultur von Wöklitz (Weklice) bei Elbing sowie der »versunkenen« Ostseestadt Truso. Der multiethnische Handelsort wurde vermutlich im 10. oder 11. Jh. von Piraten zerstört.

UMGEBUNG
Der **Oberlandkanal** zwischen Elbing mit Osterode lässt sich per Schiff erkunden (www.zegluga.com.pl/de). Unweit der Rampe Kodderstrauch (Pochylnia Oleśnica), in **Schönfeld** (Krasin, 32 km südöstl.), kann man eine Schneckenfarm besichtigen und deren Produkte probieren (Hodowla ślimaków, Krasin 16a, www.snailsgarden.com). Das **Gut Cadinen** (Kadyny, 21 km nördl.) bei Tolkemit (Tolkmicko) war seit 1899 Sommerresidenz des letzten deutschen Kaisers. Heute ist der Gutshof ein Hotel mit Spa (82-340 Tolkmicko, Kadyny 18, Tel. 055 231 61 20, www.kadyny.com.pl).

INFORMATION
Informacja Turystyczna, Stary Rynek 25
82-300 Elbląg, Tel. 055 239 33 77
www.turystyka.elblag.eu

❸ Osterode (Ostróda)

Die Stadt (33 000 Einw.) an der Drewenz (Drwęca) verbindet die Eylauer Seenplatte per Oberlandkanal mit dem Frischen Haff.

SEHENSWERT
Die **Ordensburg Osterode** (14. Jh.) wurde im Zweiten Weltkrieg zerstört und von 1974 bis in die 1990er-Jahre wiederaufgebaut. 1807 diente sie dem preußischen Monarchenpaar Friedrich Wilhelm III. und Luise als Quartier bei ihrer Flucht nach Königsberg, kurz darauf Napoleon auf seinem Russland-Feldzug.

HOTEL/RESTAURANTS
Naturnahen Luxus auf den Kernsdorfer Höhen (Wzgórza Dylewskie) bietet das Spa-Hotel **€€€€ Dr. Irena Eris** (Wysoka Wieś 22, 14-100 Ostróda, Tel. 089 647 11 11. www.drirenaeris spa.pl/wzgorza-dylewskie). In der Nähe steht eine sanierte Dorfschule (19. Jh.), die nun als Gasthaus **€€ Stara Szkoła** für sehr gute Küche steht (Wysoka Wieś 27, 14-100 Ostróda, Tel. 089 647 15 23, http://dylewskie.pl).

UMGEBUNG
In **Mohrungen** (Morąg, 28 km nördl.) wurde der Philosoph Johann Gottfried Herder (1744

Hommage an die Störche im Storchendorf Schewecken (Żywkowo, o.l.), Dom St. Nikolaus in Elbing (o.r.), Kopernikus-Büste im Frauenburger Dom (u.).

Tipp

Warmes Wasser

Die teils aus heißen Quellen gespeiste **Ermland-Therme in Heilsberg**, größte Therme Nordpolens, umfasst diverse Schwimmbecken (darunter ein Spaßbad mit Licht-und-Sound-Effekt-Rutsche) sowie einen Wellnessbereich mit Saunen und Dampfbädern. Für sportliche Aktivitäten stehen ein Hochseilgarten, Tennisplätze, eine Kletterwand zur Verfügung. Ein Restaurant sowie Feriendorf, Kinderspielplatz und Grill-Pavillons ergänzen das Angebot der familienfreundlichen Einrichtung.

INFORMATION
Termy Warmińskie, ul. Kąpielowa 1, 11-100 Lidzbark Warmiński, So.–Do. 8.00–20.00, Fr.–Sa. 8.00–21.30 Uhr, www.termywarminskie.pl

bis 1803) geboren. Ein Museum würdigt ihn im Dohna-Schlösschen (ul. Dąbrowskiego 54, Tel. 089 757 28 48, Mai–Aug. Di.–So., Sept. Di./Mi., Fr.–So. 10.00–17.00, Okt.–April, Sept. Di./Mi., Fr.–So. 9.00–16.00 Uhr, https://morag.muzeum.olsztyn.pl). Die **Ordensburg-Ruine Schönberg** (Szymbark, 14. Jh., 43 km westl.) steht am Haussee (Jezioro Szymbarskie). Volker Schlöndorff drehte hier den Film »Der Unhold« (1996). Die nationale **Gedenkstätte zur Schlacht bei Tannenberg TOPZIEL** (Stębark, 1410) befindet sich in Grünfelde (Grunwald, 30 km südl.). Im Juli spielen über tausend Hobbyritter die Schlacht nach.

INFORMATION
Centrum Informacji Turystycznej
pl. 1000-lecia Państwa Polskiego 1a
14-100 Ostróda, Tel. 050 122 00 85
www.mazury-zachodnie.pl

④ Allenstein (Olsztyn)

Die Hauptstadt (171 000 Einw.) von Ermland-Masuren verwandelt sich im Sommer zu einem großen Gastro-Freisitz.

SEHENSWERT
Als einziges von einst drei Stadttoren blieb das **Hohe Tor** (14. Jh.) erhalten. Den **Marktplatz** umgeben das Alte Rathaus und historische Bürgerhäuser. In der **Domkapitelsburg** (14. Jh.)

befindet sich das **Museum für Ermland und Masuren** (ul. Zamkowa 2, Mai–Aug. Di.–So., Sept. Di./Mi., Fr.–So. 10.00–17.00, Okt.–April, Sept. Di./Mi., Fr.–So. 9.00–16.00 Uhr, https://muzeum.olsztyn.pl). Die **Jakobskirche** mit dem markanten rot-weißen Turm stammt aus dem 14. Jh., aus der Gründerzeit die Herz-Jesu-Kirche des Königsberger Architekten F. Heitmann (1853–1921). Liebhaber des Jugendstils wird die wunderschöne **Naujock-Villa** (1907, ul. Dabrowszczakow 3) begeistern.

VERANSTALTUNGEN
Im Juli und August bietet der **Allensteiner Kunstsommer** ein vielfältiges Programm.

UMGEBUNG
Die Ordensburg (14. Jh.) von **Hohenstein** (Olsztynek, 26 km südl.), heute Berufsschule, ist eher klein. Doch das Freilichtmuseum zählt zu den größten Polens. Mit rund 80 bäuerlichen Bauten, Gärten und zum Haustieren alter Rassen bevölkerten Höfen und Weiden lässt der ethnografische Park das Bild einstiger ostpreußischer Dörfer wiedererstehen (ul. Leśna 23, 11-015 Olsztynek, tgl. 10.00–18.00, Nov. bis April 9.00–15.00 Uhr, www.muzeumolsztynek.com.pl). In der Kunstglashütte von Taras Krynicki sieht man, wie bunte Tierfiguren und Gefäße aus Glas entstehen (ul. Mrongowiusza 38, 11-015 Olsztynek, www.huta-olsztynek.pl).

INFORMATION
Centrum Informacji Turystycznej
ul. Staromiejska 1, 10-017 Olsztyn
Tel. 089 535 35 65, www.visit.olsztyn.eu

⑤ Heilsberg (Lidzbark Warmiński)

Die Stadt (15 000 Einw.) an der Mündung der Simser (Symsarna) in die Alle (Łyna) verdient langsam, aber sichtbar wieder ihren früheren Beinamen »Perle Ermlands«.

SEHENSWERT
Die **Burg Heilsberg** (14. Jh.) ist eine der am besten erhaltenen Wehranlagen aus der Zeit der Deutschen Ordensritter. Gegenwärtig nutzt man sie als Regionalmuseum (pl. Zamkowy 1, Tel. 089 767 21 11, Mai–Sept. Di./Mi., Fr.–So., 10.00–17.00, Okt.–April Di./Mi., Fr.–So. 9.00 bis 16.00 Uhr, https://lidzbark.muzeum.olsztyn.pl) und als ein interessantes Hotel (S. 20).

UMGEBUNG
Nahe **Seeburg** (Jeziorany, 22 km südöstl.) mit Ordensburg (Rathaus) liegt das Dorf **Lokau** (Tłokowo, 24 km südöstl.). Seine Johanneskirche (14. Jh.) ist ein Kleinod der Gotik.

INFORMATION
Centrum Informacji Turystycznej
ul. Dębowa 3
11-100 Lidzbark Warmiński
Tel. 057 089 93 99
www.domwarminski.pl

⑥ Rastenburg (Kętrzyn)

Die alte preußische Redensart »glühen wie ein Rastenburger« stammt von den roten Dachziegeln der Stadt (27 000 Einw.), einst war sie eine der reichsten Ostpreußens. Ruhm erlangte Rastenburg durch die Erfolge in der Trakehner-Zucht.

SEHENSWERT
Dominierendes Bauwerk neben der **Ordensburg** ist die **St.-Georgs-Kirche** (beide 14. Jh.), vom Deutschen Orden als Wehrkirche errichtet. Mit ihren teils 1,50 m dicken Wänden wurde sie direkt in die Stadtmauer integriert. Gut zu den Jugendstil-Bürgerhäusern in der ul. Sikorskiego passt die farbenfrohe neogotische **St.-Katharinen-Kirche**.

UMGEBUNG
Die Bischofsburg von **Rößel** (Reszel, 21 km westl.) ist zugleich Museum und Hotel (Zamek Reszel, ul. Podzamcze 3, Tel. 089 755 01 09, tgl. 9.00–18.00 Uhr, www.zamek-reszel.com). Einen Besuch lohnt auch die gut erhaltene Altstadt. **Heiligelinde** (Święta Lipka, 14 km südwestl.) mit seiner jesuitischen Barockkirche Unser Lieben Frauen ist einer der wichtigsten polnischen Marienwallfahrtsorte.
Bei **Görlitz** (Gierłoż) entstand 1940 die Bunkeranlage Wolfsschanze (Wilczy Szaniec, 8 km östl.), Hitlers Hauptquartier. Die Überreste sind ein Museum (Gierłoż 5, 11-400 Kętrzyn, Tel. 089 741 00 31, April–Sept. tgl. 8.00–20.00, Okt. bis März 8.00–16.00 Uhr, www.wilczyszaniec.olsztyn.lasy.gov.pl).
Sensburg (Mrągowo, 27 km südl.) im Herzen der Sensburger Seenplatte lebt vom Tourismus. In Polen ist es als Country-Hochburg bekannt. Hauptevent ist das Piknik Festiwal im Juli (www.mck.mragowo.pl).
In **Rhein** (Ryn, 22 km südl.) ist die 1853 zum Gefängnis und 1881 zum neogotischen Schloss umgebaute Ordensburg (14./15. Jh.) eine Attraktion, heute Sitz des Viersterne-Hotels Zamek Ryn (pl. Wolności 2, Tel. 087 429 70 00, www.zamekryn.pl).

In der Glashütte von Hohenstein, unweit vom Freilichtmuseum, kreiert Kunsthandwerker Taras Krynicki dekorative Gefäße und Figuren.

7 Nikolaiken (Mikołajki)

Die Stadt (3800 Einw.) am Spirdingsee (Śniardwy) lebte einst vom Fischfang. Besonders berühmt waren Nikolaiker Maränen und Stinte.

SEHENSWERT

Die neoromanische Architektur der evangelischen **Dreifaltigkeitskirche** (1842) trägt die Handschrift der Schinkel-Schule. Nikolaikens Wappentier, der sagenhafte **Fischkönig Stinthengst**, erscheint dreimal in plastischer Gestalt: unter der Brücke angekettet im Spirdingsee schwimmend (um der Legende nach volle Fangnetze zu sichern), als Brunnenfigur auf dem Marktplatz sowie in einer Grünanlage an der Marina.

UMGEBUNG

Eine Autofähre (prom linowy, 400 m, 12 Min., Juni–Sept. 11.00–18.00 Uhr, http://pzd.pisz.pl/prom) verbindet das Westufer des **Beldahnsees** (Bełdany, 7 km südl.) mit **Wiersba** (Wierzba) auf der von Pferden bewohnten **Popiellnener Halbinsel TOPZIEL** (Półwysep Popielniański, Juni bis Sept. 11.00–18.00 Uhr). Die Zuchtstation befindet sich in Popiellnen (Popielno). Ausgewilderte »Koniki« kann man mit ein wenig Glück auch im Wald treffen. Zwischen **Sorquitten** (Sorkwity, 34 km westl.) und **Rudczanny** (Ruciane-Nida, 23 km, südl.) erstreckt sich die 91 km lange Paddelstrecke der **Krutinna** (Krutynia, Stanica Wodna PTTK Sorkwitty, ul. Zamkowa 13, www.sorkwitty.pttk.pl). In **Eckertsdorf** (Wojnowo, 17 km südwestl.) an der Krutinna erinnern drei orthodoxe Sakralbauten daran, dass russische Altgläubige das Dorf 1828 nach ihrer Flucht aus dem Zarenreich gründeten.

INFORMATION

Informacja Turystyczna, pl. Wolności 7
11-730 Mikołajki, Tel. 087 421 68 50
https://infomikolajki.pl

8 Lötzen (Giżycko)

Die bevölkerungsreichste Stadt (29 000 Einw.) von Masuren ist zugleich deren touristischer Hauptort. Ihre Lage zwischen Löwentin- (Niegocin) und Mauersee (Mamry) macht sie bei Freizeitkapitänen aller Art beliebt.

SEHENSWERT

Als preußische Ringfestung wurde die **Feste Boyen** 1847/55 gebaut. Einige Gebäude sind erhalten. Im Juli dreht sich hier beim »Mazury Hip Hop Festival« alles um Rapmusik (www.mazuryhiphopfestiwal.pl). Das Bruno-Kreuz auf dem **Tafelberg** erinnert an den Missionar Bruno von Querfurt, der hier vermutlich im Jahr 1009 den Märtyrertod starb.

INFORMATION

Informacja Turystyczna, ul. Gen. J. Zajączka 2
11-500 Giżycko, 087 428 52 65
https://centrum-promocji-i-it.business.site

RADELN AM HAFF

Malerische Landschaften, Naturschauplätze und kulturell attraktive Orte verbindet der ostpolnische Radweg Green Velo. Zu den schönsten Abschnitten zählt gleich der erste ab Elbing, denn nirgendwo sonst auf der über 2000 km langen Strecke sieht man die Ostsee vom Fahrradsattel aus.

In Elbing startend, radelt man in nordöstlicher Richtung durch das flache, mit alten Weiden bewachsene Weichsel-Marschland. Sportlich anspruchsvoller ist die Elbinger Höhe (bis 198 m ü. NN) mit ihren steilen Einlagen. Der hiesige Buchenwald war einst Jagdrevier von Kaiser Wilhelm II. Sein Sommerdomizil liegt in Cadinen (Kadyny). Der teils asphaltierte, teils unbefestigte Radweg führt daran vorbei – direkt am Frischen Haff entlang.

Weiter geht es durch den Hafenort Tolkemit (Tolkmicko) bis Frauenburg. Sowohl der Glockenturm des Doms als auch der Wasserturm (das Café dort hat tollen Kuchen!) bieten prima Aussichten auf das Haff – bei klarer Luft bis zum russischen Ufer gegenüber. Nach der letzten Rast mit Meerblick im Fischerdorf Neu Passarge wird die Tour landeinwärts fortgesetzt. Endstation der Haff-Strecke ist Braunsberg (Braniewo). Über Heilsberg führt Green Velo weiter zu den Masurischen Seen.

Orientierung: Orangene Schilder mit Fahrrad, Logo und Hinweisen markieren das gesamte Streckennetz.

Extratour: Parallel zur Landstraße 511 (Heilsberg–Großendorfer See) verläuft Polens erster selbstleuchtender, solarbetriebener LED-Radweg.

Übernachtungen/Service: Mit dem grünen MPR-Logo werben radfahrerfreundliche Pensionen und andere relevante Dienstleister (www.greenvelo.pl)

Strecke: insgesamt 2095 km lang, beschriebene Teilstrecke von Elbing bis Braunsberg: 57 km, 3 Std.

Unterwegs auf dem Radweg. Bei Heilsberg gibt es sogar eine selbstleuchtende Passage.

Podlachien

*

MULTIKULTI IM WILDEN OSTEN

*

Die Nähe zu Russland, Litauen und Belarus machen Podlachien zum Schmelztiegel slawischer und baltischer Kulturen. Jüdische und muslimische Traditionen werden neben katholischen und orthodoxen bis heute gepflegt. Diese Vielfalt macht eine Reise durch den polnischen Nordosten genauso einzigartig wie seine urtümliche Natur.

Die orthodoxe St.-Georg-Friedhofskirche in Ryboły: Mehrere Kultur- und Glaubenstraditionen treffen sich im äußersten Osten der Region. Und jede pflegt ihren ureigenen Kunststil.

Der Wigry-Nationalpark dehnt sich
östlich von Suwalken aus. Mehr
als die Hälfte aller in Polen unter
Schutz stehenden Pflanzen und
Tiere findet hier einen Lebensraum. Die Pferde signalisieren
Menschennähe – die Region wird
durchaus auch touristisch und
landwirtschaftlich genutzt.

Olga Kamińska betreibt das Café Przystań na
Lato, von wo aus man den Nationalpark Belowescher Heide erkunden kann.

Der 100 Kilometer lange Augustów-Kanal gehört den Freizeitsportlern. Er durchfließt polnisches
und belarussisches Gebiet. Von seinen 18 Schleusen liegen 14 in Polen, wie diese bei Płaska.

Im Herzen des Wigry-Nationalparks liegt der gleichnamige See. Wappentier des wasserreichen Gebiets ist der Biber, der hier eine stattliche Population erreicht.

VIEL WILDNIS, WENIG MENSCH, DAS IST TYPISCH FÜR PODLACHIEN.

Dichte Wälder, klare Seen und Flüsse, weites Grasland, ausgedehnte Moore … In der nordöstlichsten Woiwodschaft Polens hat man nirgends weite Wege in die Wildnis. Ganz gleich, ob die Landpartie in Augustów, Białystok, Lomscha oder in Suwalken startet – das Abenteuer Natur beginnt fast vor der Haustür.

NATUR IM URZUSTAND

Kein Wunder, in Podlachien liegen allein vier der 23 Nationalparks des Landes: Im größten, »Wigry«, glitzert der tiefste See des Landes, im »Narew« ein ganzes Labyrinth aus ungezähmten Flüssen. Zahllose Vogelarten sind hier heimisch. »Białowieża« in der Belowescher Heide versammelt Polens dickste Eichen und Europas größte frei lebende Büffelherde in einem der letzten Tieflandurwälder des Kontinents (DuMont Thema S. 108).

Im »Biebrza« schließlich kann man sogar durch Wald und Wiesen schwimmen, wenn der Bober-Fluss im Frühjahr über seine Ufer tritt. Wie selbstverständlich stehen Rinder bis zum Bauch auf überschwemmten Weiden. Reisende können einen Teil Podlachiens auf dem Wasserweg erkunden.

Bei normalem Pegelstand geht das natürlich auch – zum Beispiel mit dem Hausboot (S. 113). Und wem bei all den Exkursionen durch das Tier- und Pflanzenreich die grüne Decke auf den Kopf fällt, der findet im Vierländereck von Polen, Russland, Litauen und Belarus auch viel Historisches, Kultur und jede Menge spannender Geschichten.

JUDEN PRÄGTEN VIELFALT MIT

Der Markt von Tykocin ist ein Platz, auf dem man Filme drehen möchte. Bekrönt von der barocken Dreifaltigkeitsbasilika, die sich vor ihm wie eine Opernbühne öffnet, erstreckt er sich als langes, freies Areal. Schmucke ländliche Häuschen flankieren ihn. Vor einem parkt ein Traktor. Alles ist so niedrig, dass sich die Kirche und der blaue Himmel voll entfalten können. Schaut man zu lange auf die Pflastersteine, flimmert ihr rot-weißes Gittermuster, wandert mit den Augen weiter über kleine Rasenflächen, die an elegante Parks erinnern. In der Mitte steht – als Bronzedenkmal – Hetman Stefan Czarniecki (1599–1665). Für seine militärischen Verdienste machte ihm der König 1659 Tykocin samt Umland zum Geschenk.

Die Große Synagoge war schon damals ein religiöses und intellektuelles Zentrum der osteuropäischen Juden. Genauso wie das benachbarte Talmudhaus dient sie nun als Museum, denn eine jüdische Gemeinde gibt es nicht mehr in

Jedes Jahr am 15. August trifft sich die litauische Minderheit Polens in Puńsk. Zur Feier des Tages werden die traditionellen Trachten und Kleider aus dem Schrank geholt.

Typische Holzarchitektur im Ferienzentrum Kräuterwinkel (Ziołowy Zakątek).

Podlachien bietet Raum für die unterschiedlichsten Kulturen, wie die tatarische Moschee in Bohoniki belegt.

Ferien in der archaischen Idylle an der Grenze zu Weißrussland: der Agrotourismus-Bauernhof Sioło Budy liegt in der Nähe des Białowieża-Nationalparks.

der Stadt am Narew, die auf jiddisch Tiktin heißt. Die letzten Tykociner, die sie so nannten, starben 1941 von deutscher Hand. Ihre Ahnen hatte ein kluger Woiwode ab 1522 hier angesiedelt, um Handel und Handwerk zu fördern. Zu Beginn des 19. Jahrhunderts bestand die Bevölkerung des Schtetls zu mehr als zwei Dritteln aus Juden. Die Hälfte, rund 2500, war es immerhin noch vor dem Zweiten Weltkrieg. Hier wie fast überall im Lande prägten Juden dessen kulturelle Vielfalt entscheidend mit.

Einen von ihnen, den Augenarzt und Hobbylinguisten Ludwig Zamenhof (1859 bis 1917), inspirierten die unterschiedli-

chen Ethnien seiner Heimat zur Entwicklung der Kunstsprache Esperanto. Das nach ihm benannte Zentrum in der Piaskower Synagoge in Białystok setzt heute sein Vermächtnis fort. Als moderne City steht Podlachiens einzige Großstadt im starken Kontrast zu ihrer Umgebung aus Natur und Landidylle. Zu den herausragenden Bauwerken gehören das Branicki-Schloss sowie die Podlachische Oper und Philharmonie.

ZUM WUNDER WANDERN

Der Sommerabend ist schon angebrochen, als Ljuba Kozłowska in Grabarka ankommt. »Mit 68 sind die Beine nicht

mehr ganz so schnell«, sagt die Frau aus Siemiatycze, die den zehn Kilometer langen Weg von dort zu Fuß bewältigt hat. Doch als fromme Pilgerin nimmt sie für ihr Seelenheil die Strapaze gerne auf sich. Ziel der Wallfahrt ist ein Hügel, der orthodoxen Christen ebenso heilig ist wie die Quelle, die an seinem Fuße entspringt und heilsame Kräfte besitzen soll. Am Tag der Verkündigung des Herrn, der am 18. und 19. August gefeiert wird, drängen sich die Gläubigen schon vor Sonnenaufgang hier zu Tausenden, folgen dem spirituellen Gesang der Nonnen. Der kommt von ganz oben aus dem Kirchlein. Zusammen mit dem Kerzen-

Bestens gepflegt: die 1853 erbaute orthodoxe Kirche St. Alexander Newski in Sokółka.

licht verzaubert er den Berg und alle, die an seine Kräfte glauben.

Vor dem Zweiten Weltkrieg hatte Polen jede Menge orthodoxe Kirchen und Klöster. Noch während der Polnischen Republik wurden viele davon zerstört, entweiht oder der katholischen Kirche übereignet. Weitere gingen verloren, als nach dem Krieg die Grenzen neu gezogen wurden. Denn sie lagen nun in Belarus oder der Ukraine. Die verbliebenen Klöster wurden geschlossen.

Doch 1947, ein Jahr vor der kommunistischen Machtübernahme, durfte am äußersten Rand Podlachiens ein neues gebaut werden: das Kloster der Heiligen Marta und Maria auf dem Berg Grabarka. 1990 teils abgebrannt, dann wieder aufgebaut, gibt es hier nun drei kleine Gotteshäuser, einen Friedhof, zwei Pilgerherbergen – und an die 10 000 Kruzifixe, Votivgaben Gläubiger, die sich überall zwischen den Kiefern erheben. Der Legende nach bewahrte 1710 solch ein Holzkreuz die Stadt Siemiatycze vor der Cholera. Seitdem wuchs ein ganzer Wald davon. Menschen jedes Alters beten jetzt davor. Manche stellen neue auf. Namen oder Wünsche sind darin eingeritzt.

BYZANTINERKREUZ UND HALBMOND

Weil die meisten der über 500 000 orthodoxen Gläubigen Polens in Podlachien

Ethnien

Polnische Tataren

In Bohoniki, einer 30-Häuser-Gemeinde, leben heute noch vier muslimische Familien. Sie kümmern sich um die Moschee (19. Jh., Foto) und zeigen sie auf Wunsch auch gerne Gästen.

Neben dem in Kruszyniany ist es in Podlachien das einzige aktive Gebetshaus des Islam. Fünf sind es in Polen insgesamt. Außer den wöchentlichen Freitagsgebeten wird die Moschee zu religiösen Feiertagen genutzt. Gepredigt wird auf polnisch und arabisch. Von dem alten muslimischen Friedhof (Mizar) in der Ortsmitte ist nicht mehr viel zu sehen. Seine Reste wurden erst in den 1980er-Jahren wiederentdeckt.

Der neue, auch heute noch von polnischen Tataren genutzte Friedhof liegt außerhalb des Dorfes auf einem Hügel an der Straße nach Malawicz. Viele der historischen Grabsteine dort zeigen neben Stern und Halbmondsichel Inschriften in arabischer Sprache. Doch außer Mizar, Moschee und einer Handvoll Menschen, die teils tatarische Namen und zu Festen orientalische Kleidung tragen, erinnert in Bohoniki und Kruszyniany wenig an die Ururenkel Dschingis Khans. Im August findet ein Folklorefest statt (www.kruszyniany.pl).

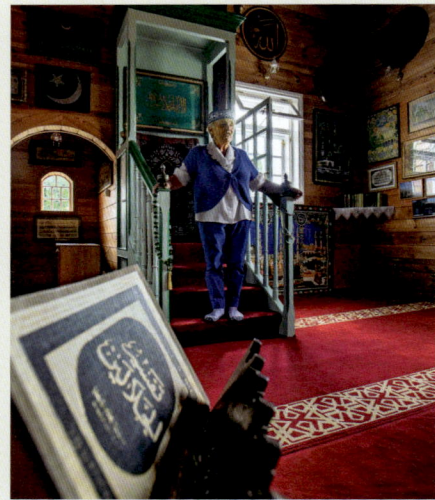

Kloster Grabarka ist der wichtigste orthodoxe Wallfahrtsort in Polen. Auch aus Weißrussland und der Ukraine strömen die Gläubigen hierher.

Nonnen und Mönche sind ebenfalls unter den Pilgern. Am Fuße des Klosters fließt eine Quelle, die wie der Berg selbst als heilig gilt.

Höhepunkt der Wallfahrten ist der Tag der Verklärung Christi, nach gregorianischem Kalender der 19. August, der mit langen Liturgien und Prozessionen gefeiert wird.

Der Branicki (sprich: Branitzki) Palast in Białystok zählt zu Polens schönsten Barockschlössern. Eine Augenweide ist auch sein Park.

Das ehemalige Dominikanerkloster in Seine ist im Spätrenaissancestil erbaut. Außergewöhnlich ist die hier aufbewahrte Schreinmadonna.

leben, ist es kein Zufall, dass man hier so viele Kirchen mit dem Byzantinischen Kreuz sieht. Neben kleinen Holzgebäuden finden sich prächtige Bauwerke im Stil des Wilnaer Barocks. Das wohl schönste Beispiel steht in Supraśl. Das orthodoxe Gotteshaus mit der malerischsten Umgebung ist die »Einsiedelei der Heiligen Antonius und Theodosius der Kiewer Höhlen« in Odrynki. Das fast märchenhafte Bauwerk steht auf einem Inselchen im Narew-Fluss. Perlen orthodoxer Holzarchitektur finden sich ebenso in Soce, Puchły und Trześcianka. Außer den hübschen Kirchen lohnt es sich, die alten, bunt bemalten und reich mit Schnitzereien verzierten Bauernhäuser dieser Dörfer anzuschauen. Die Touristenroute »Land der offenen Fensterläden« fügt sie zusammen.

AN DER HEILIGEN QUELLE

Ziel von Wallfahrten ist ein Kirchlein, das den Brüdern der Makkabäer gewidmet ist. Es steht mitten in der Belowescher Heide, an der Quelle Krynoczka, die den Orthodoxen als heilig gilt. Das Kloster, das hier früher stand, hatten Mönche gebaut, die vor den Tataren geflohen waren. Dass die letzten davon noch 700 Jahre später ganz in der Nähe leben würden, hätten die frommen Brüder sicher nie geglaubt. Aber es ist wahr:

In einigen podlachischen Dörfern gibt es auch im 21. Jahrhundert noch ethnische Tataren. Die ersten ihrer Vorfahren waren Schamanisten. Um ihre Religion zu bewahren, hatten sie sich zu Beginn des 14. Jahrhunderts in das damals noch nicht christianisierte Litauen geflüchtet. Viele weitere, inzwischen Anhänger des Islam, holte der litauische Landesvater Vytautas einige Jahrzehnte später in sein Großfürstentum. Nach der Vereinigung mit Polen

wird versucht, die eigene Geschichte touristisch zu vermarkten. Wie überall im wirtschaftlich schwachen Podlachien setzen die Menschen große Hoffnung in die Entwicklung des Tourismus, die gerade erst begonnen hat. Ihr Hauptkapital: Eine fast unberührte Natur und viel kulturelles Erbe.

Die podlachischen Belarussen etwa bereichern das Lokalkolorit mit Museen, Volksfesten und kulinarischen Speziali-

NATUR UND BRAUCHTUM SOLLEN DEN TOURISMUS ANKURBELN.

verteilten sich die muslimischen Siedler auch dort. Als treue Untertanen kämpften die sogenannten Lipka- Tataren seit der Schlacht bei Tannenberg in jedem bedeutenden Feldzug auf der Seite der Polen und Litauer, so auch im 17. Jahrhundert gegen die Osmanen. Mangels Barem entlohnte sie König Jan III. Sobieski mit Ackerland und Höfen. So wurden Orte wie Bohoniki, Drahle, Kruszyniany und Malawicze Górne zu tatarischen Dörfern.

ERBE ALS CHANCE

Mit der »Tatarenroute«, einer Museums-Jurte und tatarisch inspirierten Speisen

täten, aber auch mit dem international beachteten Kirchenmusikfestival »Hajnówka« in Białystok. Weiter nördlich leben die polnischen Litauer. Ihr Mutterland war einst durch die Adelsrepublik Rzeczpospolita (1569–1795) mit Polen vereint. Das Dorf Puńsk mit etwas mehr als 1000 Einwohnern gehört zu einem polnischen Gebiet, das zu rund drei Vierteln von Litauern bewohnt wird. Neben litauischen Schulen und Vereinen sorgen lokales Radio, TV und Presse, zweisprachige Orts- und Straßenschilder sowie drei Museen für die Erhaltung von Sprache und Kultur.

In nur sieben Tagen
schuf die polnische
Künstlerin Natalia
Rak dieses Murial
in Białystok.

Historische Bürgerhäuser, Restaurants und Biergärten umringen den weiten Marktplatz von Białystok.
Das ehemalige Rathaus fungiert heute als Regionalmuseum der expandierenden Stadt.

Belowescher Heide

IM REICH DER WISENTE UND EICHEN

Der Białowieża-Nationalpark im Grenzgebiet zu Belarus schützt einen der letzten Urwälder Europas. Zwischen seinen Jahrhunderte alten Bäumen leben Wisente, Wildpferde, Elche und Wölfe.

Märchenkönige tragen rote Mäntel und Pelz aus Hermelin. Dieser hier hat sich in leuchtend grünen Samt aus Moos gehüllt. Erhaben reckt er seine Krone in den Himmel tief im Osten Polens. Denn seine Majestät ist eine Eiche. Mit gut 30 Metern Höhe und vier Metern Stammumfang zählt »August der Starke« zu den mächtigsten Bäumen am Weg der Königseichen bei Pogorzelce. Im polnischen Nationalpark Belowescher Heide (Białowieża) gibt es jedoch etliche, die ihn überragen. Die höchsten Eichen des uralten Waldes, der sich tief nach Weißrussland hinein erstreckt, schaffen es auf bis zu 50 Meter Höhe.

METHUSALEM UNTER DEN EICHEN

»Augusts« kahle Äste sind verwachsen, faltig und vernarbt wie die Glieder eines greisen Menschen. Und ebenso wie dieser benutzt sie der bejahrte Baum mit Stolz und Würde. 1670, als der spätere Kurfürst Sachsens und Polen-König geboren wurde, war der hölzerne Hüne, der heute dessen Namen trägt, bereits ein Bäumchen. Nun ist er ein Denkmal – wie seine 23 Alterskameraden auf diesem Rundweg.

EIN WALD — EIN ORGANISMUS

Die Tage dieser Riesen sind gezählt. Meistens sterben sie im Stehen und genauso langsam, wie sie wuchsen. So lange auch nur an den letzten Zweigen Knospen sprießen, steckt darin Leben – genau genommen sogar noch nach dem Tod. Denn jeder Baumleichnam bietet Nachbar-Organismen Raum und Nahrung. Pilze und Insekten machen mit der Zeit das tote Holz dem Boden gleich und schaffen damit Platz für Nachwuchs. Der Wanderer genießt das Bild der Linien, das der an diesem Wintertag fast nackte Wald aus unzähligen Holzstrukturen zeichnet. Dazwischen flimmern neongrüne Flecken – dick bemooste Rinden alter Eichen, Buchen, Eschen, Linden. Je länger man auf eine Stelle schaut, um so deutlicher wird das System des Wirrwarrs, seine Ästhetik, seine Harmonie. Die Natur ist nicht nur Malerin. Sie ist auch eine Meisterin der Grafik.

Sümpfe, feuchtes Laub und Gras dämpfen jeden Tritt und jedes Knacken. Es ist völlig still an diesem Wochenende. Werktags kann man leider hin und wieder die Kettensägen kreischen hören. Denn obwohl größtenteils als länderübergreifender National-

Neben seltenen Tieren bevölkern auch Rehe den Nationalpark.

Die Belowescher Heide ist für ihre
Wisente und Urwaldrelikte berühmt.

Fakten & Informationen

. . . .

Wanderungen, geführte Touren mit Guides der Polnischen
Gesellschaft für Touristik und Landeskunde (PTTK):
Besucherzentrum Białowieża (Park Pałacowy 11,
Tel. 085 681 29 01, Mo.–So. 9.00–16.00 Uhr, www.bpn.com.pl)
Allgemeine Infos rund um den Nationalpark Białowieża:
Museum auf dem Palasthügel (16. April–15. Okt. Mo.–Fr.
9.00–16.30, Sa./So. 9.00–17.00, sonst Di.–So. 9.00–16.00 Uhr)

Tierbeobachtung (Wisent, Wildpferd, Elch, Wolf):
Rezerwat Pokazowy Żubrów (Ortsrand von Białowieża,
16. April–15. Okt. tgl. 9.00–17.00, sonst Di.–So. 9.00–16.00 Uhr)

Vorsicht im Bereich der grünen Grenze zu Belarus! Illegale
Übertritte jeder Art werden streng geahndet.

park, Weltnaturerbe und zugleich als
Biosphärenreservat streng geschützt,
ist der Lebensraum von Wisent, Wildpferd, Elch und Wolf sowie Hunder-
ter anderer Tier- und Pflanzenarten
durch illegale Rodungen gefährdet.
Ein Urteil des Europäischen Gerichts-
hofes von 2018 sollte diese stoppen.
Aber noch 2021 wurde abgeholzt.

Tannen tauchen aus dem Nebel
auf. Mit ihren schwer herabhängen-
den Nadelzweigen erinnern sie an
löchrige Gardinen. Der Blick hindurch
bringt eine Überraschung: Auf einer
Lichtung, keine hundert Meter weit,
steht eine Gruppe dunkelbrauner,
dampfender Gestalten. Wisente! Vor
Kraft strotzend, werden sie die Hör-
nerhäupter. Aus den Nüstern steigen
Atemwolken. Der Wanderer erwischt
sich bei der Suche nach dem nächsten
Baum, auf den er klettern könnte –
kämen sie jetzt auf ihn zugerannt.
Doch die großen, wunderschönen
Tiere trollen sich ganz gemächlich in
die entgegengesetzte Richtung.

STIMMEN DER NATUR
Die friedlichen, scheuen Wildbüffel,
die einst fast den ganzen Kontinent
bevölkerten, sind seine größten Landbewohner und Wappentiere des pol-
nisch-weißrussischen Urwaldes. Nachdem sie in der freien Natur bereits
ausgestorben waren, züchtete man
mit den allerletzten zwölf in Gefan-
genschaft gehaltenen Tieren eine
neue Population und wilderte sie in
den 1950er-Jahren in der alten Heimat
aus. Die Jagd, die diese Art beinahe
völlig vernichtet hatte, trug zugleich
zu deren Rettung bei. Denn als Exklu-
siv-Trophäen von Herrschenden
schützte man die Wisente der Belowescher Heide noch lange, als sie anderswo schon ausgerottet waren.

Die Ruhe ist fast feierlich. Zaghaft
zirpen ein paar Meisen. Sacht und
rücksichtsvoll, als wollte er nicht stö-
ren, klopft ein Specht an einen hoh-
len Stamm. Es wäre so schön, wenn
diese Stimmen der Natur die einzigen
Geräusche blieben im Wald der Könige, in dem die wahren Herrscher
Wisente und Eichen sind.

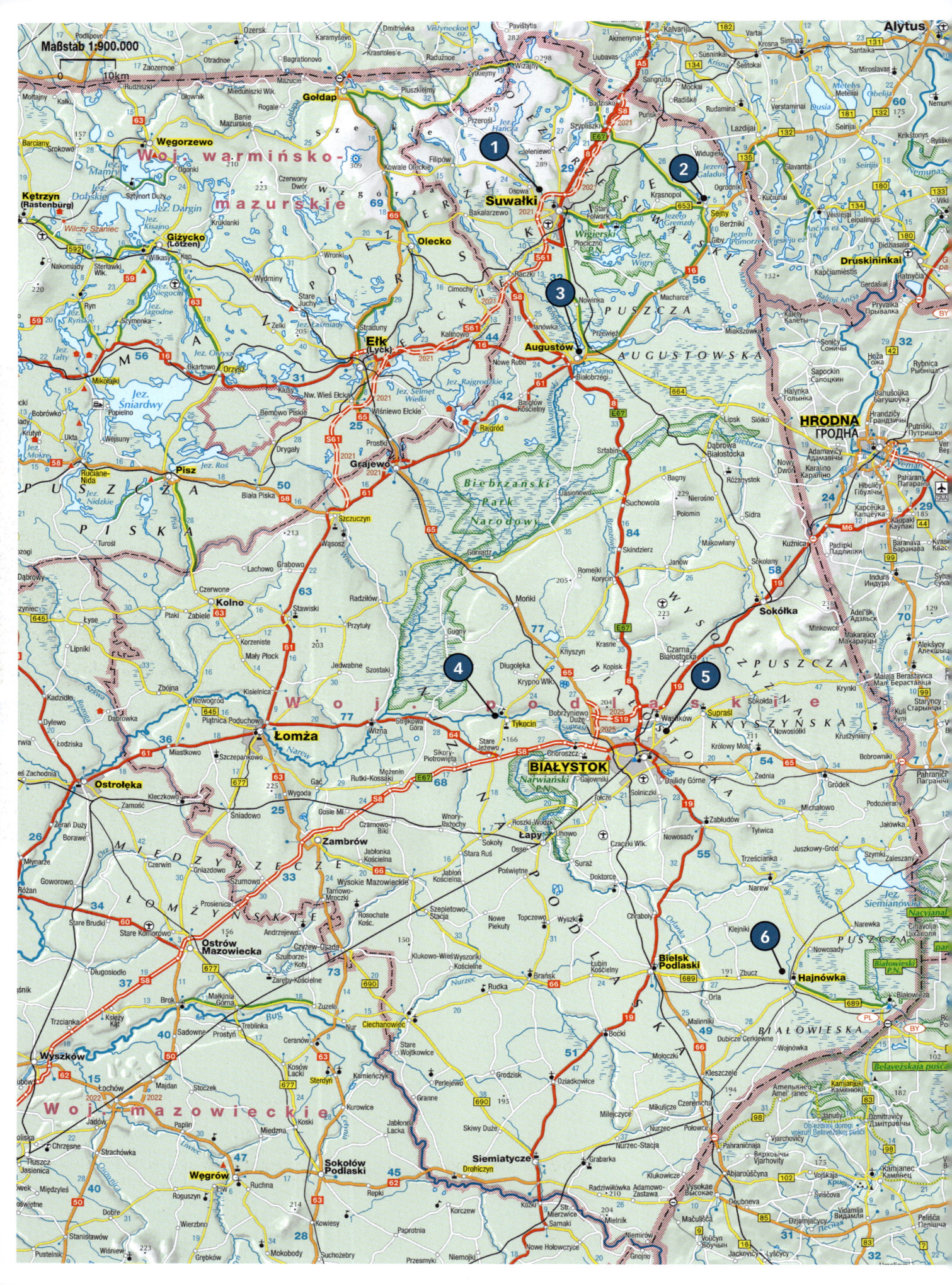

SCHLAF SCHÖN, ELCH!

Große weltliche Gebäude wie das Schloss in Białystok gibt es in Podlachien selten. Selbst die meisten Gotteshäuser sind eher klein. Wie auch die vielen Bauernhöfe verleihen sie mit ihren bunten Farben der Waldlandschaft ein fröhliches, fast märchenhaftes Wesen. Es ist das Land, in dem sich die Tiere Gute Nacht sagen.

❶ Suwalken (Suwałki)

Die Stadt (70 000 Einw.) ist Hauptort der historischen Landschaft Sudauen im Grenzraum von Polen und Litauen.

SEHENSWERT
Alexanderkathedrale (1825), Peter-Pauls- (1900) und Herz-Jesu-Kirche (1840) sind die wichtigsten kath. **Gotteshäuser**. Die himmelblaue orthodoxe **Allerheiligenkirche** wurde 1891/92 als Friedhofskapelle gebaut. Den hier geborenen Maler der Münchner Schule, Alfred Wierusz-Kowalski (1849–1915), würdigt das **Bezirksmuseum** und dokumentiert Regionalgeschichte in einer Stadtvilla (1912/13, ul. T. Kościuszki 81, Tel. 087 566 57 50, Di.–So. 9.00 bis 17.00 Uhr, www.muzeum.suwalki.pl).

RESTAURANT
Deftig-ländliche Küche im rustikalen Ambiente serviert die €€ **Karczma Polska** (ul. Tadeusza Kościuszki 101a, Tel. 087 566 48 60, www.karczmasuwalki.pl).

UMGEBUNG
Die Schwarze Hańcza (Czarna Hańcza) bringt Wasserwanderer zum Hańcza-See im **Suwałki-Landschaftspark**. Zwischen **Bachanów** (24 km nördl.) und Turtul passieren sie einen 3 km langen Wallberg (www.spk.org.pl). In östl.

Das barocke, ehemalige Kamaldulenserkloster von Wigry (o.l.), Jazz-Musik im Theater Seine (o.r.), im Ortszentrum von Suwalken.

Richtung fließt der Fluss zum Wigry, dem größten See im **Wigry-Nationalpark TOPZIEL**. Auf mehreren beschilderten Wanderrouten kann man das Gebiet erkunden (Suwałki, Tel. 087 563 25 40, www.wigry.org.pl).
Aus dem Ersten Weltkrieg stammt die **Wigry-Schmalspurbahn**. Die Strecke (10 km/2,5 Std.) führt von Płociczno-Tartak nach Krusznik (Abfahrten: Mai Sa./So. 13.00, Juni tgl. 13.00, Juli/Aug. tgl. 10.00, 13.00 und ´6.00 Uhr, www.augustowska.pl). Im Winter bietet der Bahnbetreiber Pferdeschlittenfahrten an (auf Anfrage).

INFORMATION
Centrum Informacji Turystycznej
ul. ks. K. Hamerszmita 16, 16-400 Suwałki
Tel. 087 735 10 99, www.pogodnesuwalki.pl

❷ Seine (Sejny)

Neben Polen prägten vor allem Juden und Litauer die 1593 gegründete Stadt (5100 Einw.).

SEHENSWERT
Das ehemalige **Dominikanerkloster** (1706) zeigt diverse Ausstellungen (pl. Św. Agaty 6, Mai bis Sept. tgl. 9.00–19.00, Okt.–April Mo.–Fr. 9.00–16.00 Uhr). An die Zeiten des Judentums erinnern die **Jeschiwa** (jüdische Hochschule) aus den 1860er-Jahren sowie die Weiße Synagoge (1885). Das **Regionalmuseum** befindet sich im Bischofspalast (ul. Piłsudskiego 28, Mai–Sept. tgl. 8.00–16.00, Okt.– April Mo.–Fr. 8.00–15.00 Uhr, www.muzeum.sejny.pl).

UMGEBUNG
Puńsk (23 km nordöstl.) ist ein Zentrum der polnischen Litauer. Folklorefeste finden am 22./23. Juni (Mittsommernacht) und 15. August (Mariä Himmelfahrt) statt. Der Museumsbauernhof Stara Plebania (19./20. Jh.) informiert über das frühere Landleben (ul. Mickiewicza 57, Juni–Aug. Di.–Fr. 9.00–16.00 Uhr oder nach Vereinbarung, Tel. 00 567 59 11).

Tipp

Klappmadonna

Das Dominikanerkloster der Stadt Seine ähnelt mit seinen dicken Mauern und den vier hervorstehenden Ecktürmen einer wehrhaften Burg. Bereits 1619 geweiht, wurde die mächtige Basilika der Mariä Heimsuchung im Ostteil des Konvents errichtet. Ihre Hauptattraktion ist die Madonna von Seine, eine über 600 Jahre alte geschnitzte Schreinfigur, die als wundertätig gepriesen wird. Zu besonderen religiösen Anlässen werden ihre beiden Mantelhälften nach außen geklappt, sodass die Gemälde und Flachreliefs im Inneren zu sehen sind.

Kloster Grabarka (o.), orthodoxe Kirche in Puchły (u.l.). Die Einsiedelei von Odrynki befindet sich auf einer Insel im Fluss Narew (u.r.).

UNTERKUNFT

Eine fantasievoll »rekonstruierte« sudauisch-altpruzzische Holzburg mit Wachtturm, Wassergraben, Kultplätzen und Gästehäusern hat der neoheidnische Litauer Piotr Łukaszewicz mit viel Liebe und Glauben an die Götter seiner Ahnen aufgebaut, die €€ **Osada Jaćwiesko-Pruska** (Oszkinie 42, 16-515 Puńsk, Tel. 0603 97 76 37, www.osada.prusaspira.org).

INFORMATION

Informacja Turystyczna, ul. Józefa Piłsudskiego 28, 16-500 Sejny
Tel. 087 516 22 12, www.um.sejny.pl

❸ Augustów

Der Kurort (30 000 Einw.) liegt in einem populären Wassersportrevier. Dessen Hauptader ist der 101 km lange Augustów-Kanal. 1823/39 als alternative Handelsroute zwischen Weichsel und Memel gebaut, wird er heute ausschließlich sportlich und touristisch genutzt.

SEHENSWERT

Die **Herz-Jesu-Basilika** (1906/11) zählt zu den markantesten Gebäuden. Als Sitz der reg. Wasserverwaltung wurde 1903 der **Palast Budynek Zarządu Wodnego** (ul. 29 Listopada 5) gebaut. Im Gebäude der Hafenbehörde (1829) informiert das **Museum des Augustów-Kanals** über dessen Geschichte (ul. 29 Listopada 5a). Das **Stadtmuseum** befindet sich in der ul. Hoża 7 (beide: Di.–So. 8.00–16.00 Uhr, www. apk.augustow.pl).

HOTELS

€€€ **Augustów Health Resort**, der größte Wellnesstempel Podlachiens, bietet Kur- und Spa-Behandlungen mit modernem Komfort (ul. Zdrojowa 3/5/7, Tel. 087 643 28 71, www. sanatorium.augustow.pl).

Am Necko-See liegt das moderne €€€ **Hotel Warszawa Spa & Resort** (ul. Zdrojowa 1, Tel. 087 643 85 00, www.hotelwarszawa.pl).

AKTIVITÄTEN

Den Spuren Johannes Pauls II. folgt die »päpstliche« **Kajakroute** auf dem Augustów-Kanal bis Rygol (34 km östl.) und weiter auf der Schwarzen Hancza (Czarna Hańcza) durch den Wigry-See bis Suwalken (www.kanal-augustow ski.pl). Eine prima Basis für **Touren in den Biebrza-Nationalpark** ist der Gästebauernhof Zagroda Kuwasy am Reservat Roter Sumpf (Czerwone Bagno, 30 km südwestl., Woznawieś 30a, 19-206 Rajgród, Tel. 086 273 35 20, www. zagrodakuwasy.pl).

INFORMATION

Organizacja Turystyczna, Rynek Zygmunta Augusta 19, 16-300 Augustów
Tel. 051 118 18 48, www.augustow.pl

❹ Tykocin

Die jüdisch geprägte Kleinstadt (2000 Einw.) am Narew besitzt einen der besterhaltenen Altstadtkerne Polens. Hier treffen sich Barock und ländliche Gemütlichkeit.

SEHENSWERT

Es gibt mehr als 100 historische Gebäude in der grandiosen **TOPZIEL** Altstadt. Den **Großen Markt** umgeben Dreifaltigkeitsbasilika (1749) und Missionarskloster (1750) sowie ländliche Häuser (18. Jh.). Im **Bernhardinerkloster** (1771/ 1791) leben pensionierte Priester. Am Kleinen Markt beginnt das frühere **Judenviertel** (18. Jh.). Große Synagoge (1642) und Talmudhaus (1798, „Kleine Synagoge") sind heute ein **jüdisches Museum** mit Restaurant (Di.–So. Mai–Sept. 10.00–18.00, Okt.–April 10.00–17.00 Uhr, ul. Kozia 2, Tel. 085 718 16 13, www.muzeum.bialystok.pl). Der **jüdische Friedhof** (1522) ist der älteste Podlachiens. Das zerstörte **Königsschloss** von Sigismund II. August (16. Jh.) jenseits des Narew wurde ab 2002 neu gebaut. Es soll dem Original ähneln.

HOTEL

Innerhalb der größten Storchenkolonie Polens übernachtet man im 100-jährigen Gutshaus

€€ **Pentowo** (Folwark Konny Pentowo, Kolonia Kaczorowo 39, Tel. 085 718 16 29, www.pentowo.pl).

UMGEBUNG

Mäandernde Flüsse wie der Bober (Biebrza), Sümpfe und Wälder prägen den **Biebrza-Nationalpark**, Rückzugsgebiet seltener Vogelarten wie dem Kampfläufer, seinem Wappentier. Der »Eingang« zum Park befindet sich im Ort **Festung Ossowitz** (Osowiec-Twierdza, 41 km nördl., Besucherzentrum: 20. April–10. Sept. 8.00–17.00, 11. Sept.–19. April 7.30–15.30 Uhr, Osowiec-Twierdza 8, 19-110 Goniądz, Tel. 085 738 30 35, www.biebrza.org.pl).

INFORMATION

Informacja Turystyczna, Złota 2
16-080 Tykocin, Tel. 085 718 72 32
http://bip.um.tykocin.wrotapodlasia.pl

❺ Białystok

Podlachiens multikulturell geprägte Hauptstadt (300 000 Einw.) ist die einzige Großstadt der Region. Belarussen bilden heute die größte Minderheit der Bevölkerung.

SEHENSWERT

Wahrzeichen ist das spätbarocke **Schloss** mit Park (1691/97) von Graf Jan Klemens von Branicki, nun Medizinische Universität. Im barocken **Rathaus** findet man das **Museum** (Di.–So. Mai–Sept. 10.00–18.00, Okt.–April 10.00–17.00 Uhr, Rynek Kościuszki 10, Tel. 085 740 77 32, www.muzeum.bialystok.pl), am Markt die **Pfarrkirche** (1617/27) mit dem Grab Branickis. Zusammen mit der neogotischen **Maria-Himmelfahrt-Kathedrale** bildet sie das Domensemble. Von den orthodoxen Gotteshäusern der Stadt ist die **Nikolaikirche** die schönste. Die größte landesweit ist die **Heiliggeistkirche** (1982/99) mit freistehendem Glockenturm (70 m). Als Denkmal der Unabhängigkeit Polens entstand 1927/46 die **Rochuskirche**. Sie war einer der ersten Sakralbauten des Modernismus.

MUSEEN

Im Palast der jüdischen Fabrikantenfamilie Cytron (Jugendstilfassade 1910/13) residiert das **Historische Museum** (Di.–So. Mai–Sept. 10.00–18.00, Okt.–April 10.00–17.00 Uhr, ul. Warszawska 37, Tel. 085 748 21 19, www. muzeum.bialystok.pl).
In derselben Straße erinnert das **Ludwig-Samenhof-Zentrum** an den 1859 in Białystok geborenen jüdischen Augenarzt und Hobbylinguisten, der die Kunstsprache Esperanto entwickelte (Mi.–So. 10.00–12.00, 13.00–17.00 Uhr, ul. Warszawska 19, Tel. 085 676 73 67, www. centrumzamenhofa.pl).
Das **Podlachische Volkskulturmuseum** (8 km nördl.) zeigt Beispiele traditioneller ländlicher Architektur (täglich: Dez.–Jan. 9.00–15.00, Feb., März, April, Nov. 9.00–16.00, Mai–Aug. 9.00 bis 19.00, Sept. 9.00–18.00, Okt. 9.00–17.00 Uhr, ul. Leśna 7, 16-010 Wasilków, Tel. 085 743 60 82, www.skansen.bialystok.pl).

VERANSTALTUNGEN

Internat. Festival der orthodoxen **Kirchenmusik** »Hajnówka« (www.festiwal-hajnowka.pl).

HOTEL/RESTAURANT

Stilvolle Zimmer in einem hist. Wohnhaus (1897) der Altstadt hat das Boutiquehotel €€ **Aristo**. In seinem Restaurant Savoy gibt es moderne polnische Küche (ul. Kilińskiego 15, Tel. 085 740 89 00, www.aristohotel.pl).

UMGEBUNG

Das Labyrinth aus Flussläufen und Sumpfgebieten des **Narew-Nationalparks** erkundet man am besten per Kajak, »pychówka« (trad. Boot) oder bei Wanderungen. Das Besucherzentrum befindet sich im ehem. Gutshaus von **Kurowo** (34 km westl., Kurowo 10, 18-204 Kobylin Borzymy, Mo.–Fr. 7.30 –15.30, Mai–Sept. tgl. 10.00–18.00 Uhr, www.npn.pl). Eine Perle orthodoxer Architektur ist das Kloster Mariä Verkündigung im Luftkurort **Supraśl** (15 km nordöstl., www.monaster-suprasl.pl).

INFORMATION

Regionalne Centrum Informacji Turystycznej ul. Malmeda 6, 15-440 Białystok Tel. 085 653 77 97, https://podlaskie.it

⑥ Hajnówka

Die Stadt (20 000 Einw.) entwickelte sich seit dem 16. Jh. aus einer Forstsiedlung. Das Attraktivste an ihr ist die Umgebung.

SEHENSWERT

Auffälligstes Bauwerk der Stadt ist die orthodoxe **Kathedrale der Heiligen Dreifaltigkeit** (1978/83), über deren Schönheit man sich streiten kann. Über die Geschichte und Kultur der Belarussen in Hajnówka informiert das **Muzeum i Ośrodek Kultury Białoruskiej w Hajnówce** (ul. 3 Maja 42, Mo.–Fr. 8.00–16.00 Uhr, www.muzeumbialoruskie.hajnowka.pl).

UMGEBUNG

Der **Białowieża-Nationalpark** (S. 108) beginnt direkt hinter der Stadt. Basis ist das Dorf Belowesch (Białowieża, 7 km südöstl.). In **Budy** (14 km östl.) zeigen Dorota und Rafał Kowalski ein Gehöft (19. Jh.) im Herzen der Belowescher Heide (Sa./So. 11.00–16.00 Uhr). In den restaurierten Bauernhäusern kann man übernachten (Foto S. 103, Sioło Budy, Budy 41, 17-230 Białowieża, Tel. 0608 40 02 72, www.siolo-budy.pl). Im **Narew-Tal** bilden die Dörfer **Trześcianka** (29 km nördl.), **Soce** (33 km nordöstl.) und **Puchły** (34 km nordöstl.) die tourist. Route »Land der offenen Fensterläden« (www.atrakcjepodlasia.pl). Wichtigster orthodoxer Wallfahrtsort in Polen ist **Grabarka** (60 km südwestl., 17-330 Nurzec Stacja, Tel. 050 776 12 41, www.grabarka.pl).

INFORMATION

Centrum Turystyki Regionu Puszczy Białowieskiej, ul. 3 Maja 45, 17-200 Hajnówka Tel. 085 682 43 81, www.lot.bialowieza.pl

HAUS IM FLUSS

Auf dem Wasser unter Sternen schlafen und früh am Morgen dort erwachen, geweckt von wilden Gänsen, Sumpfhühnern und Bekassinen – das alles bietet eine Hausboot- oder Floßfahrt auf dem Bober (Biebrza).

Kaum besser als mit einem solchen hölzernen Gefährt lässt sich Einblick nehmen in das wunderbare Leben des artenreichen, weitverzweigten Flusses. Er selbst bestimmt das Reisetempo, das geringer ist als das beim Paddeln. Kein Motor stört die Stille. Die langen Staken bewegt man mit den Armen. Wer nicht steuert, kann sich sonnen oder sein Glück beim Angeln oder Vogelarten-Zählen testen. Die meisten Vögel entdeckt man im Frühjahr, wenn die Ufer noch nicht zugewachsen sind.

Im Sommer wird der Nationalpark etwas voller. Auf dem flachen Dach des kastenförmigen Vehikels lässt sich ein Zelt aufbauen. Essen gibt's vom Grill, der ebenso zur Ausstattung gehört wie Betten, Bänke, Tisch und Schiffstoilette. Insgesamt ist Platz für 2–6 Personen. Ein Bootsführerschein ist nicht erforderlich.

Hausboot-Verleih: Mit Transfer kostet ein Hausboot (wörtl. »tratwa«: Floß) am 1. Tag 400 zł, pro Folgetag 200 zł

Kontakt: Biebrza24, 16-310 Sztabin, ul. Polna 50, Tel. 087 641 21 79, www.tratwy.pl

Biebrza-Nationalpark: Tickets für die Wasserstraßen gibt es online sowie beim Verleih, Kosten pro Tag und Person 8 zł, ermäßigt die Hälfte. Eine Angellizenz für Boot und Ufer kostet 18 zł pro Tag bzw. 75 zł für 14 Tage. www.biebrza.org.pl

Das Leben ist ein langer, ruhiger Fluss. So mag es bei einer Hausboottour im Nationalpark Biebrza scheinen.

UNSERE **FAVORITEN**

Die besten Outdoor-Aktivitäten

NATUR ERLEBEN

Selbstverständlich kann man seinen Urlaub im Norden Polens auch einfach auf der faulen Haut verbringen. Aber dann blieben unglaublich viele Abenteuer unvollbracht. Wer die Magie der Landschaft zwischen Bernsteinmeer und Eiszeitseen und -wäldern wirklich spüren will, der muss dort wandern, radeln, reiten, paddeln, segeln …

❸ Reiten in Gallingen

Das idyllisch gelegene Landgut Gallingen bei Bartenstein mit seinem malerischen Renaissanceschloss ist ein familienfreundliches Hotel mit einem ausgezeichneten Restaurant. Und es ist ein wahres Paradies für Pferdefreunde. Hier leben über 70 Holsteiner, Westfalen und andere Sportpferde. Die Reitschule betreut sowohl Anfänger als auch Fortgeschrittene. Erfahrenen Reitern werden Ausritte angeboten.

Pałac i Folwark Galiny
Galiny 110
11-200 Bartoszyce
Tel. 089 761 21 67
www.palac-galiny.pl

❹ Wandern am Haff

Da hängt ein Fischernetz zum Trocknen in der Sonne, dort flattert Wäsche an der Leine. Bei einer Wanderung am Stettiner Haff geht es durch Wiesenland und Wälder, aber auch mal durch ein Fischerdorf am Strand entlang. Das südliche Ufer ist bis auf eine Ausnahme bei Ziegenort (Trzebież) sehr flach. Die kurz davor beginnende rote Wegmarkierung zeigt die Wanderroute durch die polnische Ueckermünder Heide.

Tourist-Info Pomorze Zachodnie, ul. Korsarzy 34 (im Schloss), 70-540 Stettin
Tel. 091 489 16 30
www.pomorzezachodnie.travel

❷ Radeln um die Marienburg

Der größte mittelalterliche Backsteinbau Europas ist viel zu imposant, um ihn nur auf die übliche Weise per Museumrundgang zu erleben. Denn das wunderschöne Panorama der Marienburg mit Nogat-Fluss und herrlich grünem Umland lässt sich auch bei einer Fahrradtour genießen. Eine Ausleihstation, auch für E-Bikes, befindet sich im Segelhafen Nordpark.

Parkowa 2
82-200 Malbork
Tel. 057 755 65 04
www.petla-zulawska.pl

❶ Segeln auf dem Wigry-See

Podlachiens wasserreicher Norden lockt Paddler, Wanderer und Angler an. Doch auch zum Segeln bietet die Region hervorragende Reviere auf den klaren Seen. Der größte und tiefste unter ihnen ist der Wigry, umringt von herrlichen Nadelwäldern. Wer wirklich Ruhe und Entspannung sucht, ist hier im Vorteil, denn aus Naturschutzgründen darf Wassersport nur mit Mus-kelkraft und Wind betrieben werden. So lauscht man statt Motorenlärm der Stille und den Vögeln. Um die Vogelwelt und ihre Brut zu schonen, nimmt man es gerne in Kauf, bestimmte Zonen zu umschiffen.

Jachtcharter Marek Taraszkiewicz
ul. Noniewicza 38c/84
16-400 Suwałki
Tel. 0604 06 14 79
www.wigry24.pl

5 Paddeln auf der Alle

Ermland-Masuren ist das Land der Paddler. Die 91 km lange Strecke der Krutinna (Krutynia) zwischen Sorquitten und Rudczanny ist die beliebteste in Polen. Viel stiller, weil weniger bekannt und doch als Wasserwanderroute nicht minder attraktiv, ist die Alle (Łyna) mit ihren Nebenflüssen. Dank wechselnder Fließgeschwindigkeit und Strömungsbedingungen bietet sie Kanuten viel Spaß und Abwechslung – nicht zuletzt durch ihre vielfältige Umgebung aus Naturschönheiten und interessanten Orten.

Touristen-Info
ul. Staromiejska 1
11-041 Olsztyn
Tel. 089 535 35 65
www.mazury.travel

6 Paragliding am Meer

Den Blick auf Dünen, Küstenwald und Meer aus Möwenperspektive genießen – ein Gleitschirmflug macht's möglich! Ein idealer Platz dafür ist der malerische Ostseestrand zwischen Rewal und Hoff. Eine größere Wiesenfläche auf dem windumwehten, etwa 15 bis 20 m hohen Steilufer ermöglicht leichte Starts. Gelandet werden kann direkt im weichen Sand. Tandemflüge sind auch ohne vorherige Ausbildung möglich.

Touristen-Info
ul. Szkolna 1
72-344 Rewal
Tel. 091 386 26 29
www.rewal.pl

7 Tauchspaß in Allenstein

Die Danziger Bucht, auf deren Grund hunderte von Schiffswracks aus verschiedenen Epochen ruhen, ist ein beliebter Platz für Ostseetaucher. Weniger um Unterwasserabenteuer als um die reine Gaudi geht es im März beim Allensteiner Taucher-Rafting. Um die Ankunft des Frühlings zu feiern, lassen sich dort lustig gekleidete Taucher durch die Alle (Łyna) treiben. Prämiert werden die besten Kostüme. Das Spaß-Event gilt als das größte Tauchsportereignis Polens.

AKP Skorpena
ul. Kanafojskiego 3
DS 1, 10-957 Olsztyn
Tel. 079 830 59 15
www.skorpenowysplyw.pl

8 Birdwatching auf Kaseburg

Extra aus Schottland ist Peter Gordon ans Stettiner Haff gereist, um die Bartmeisen und Kolbenenten vors Fernglas zu bekommen. Dann schaut er durch – und sieht einen Seeadler bei der Jagd! Für Hobbyornithologen wie ihn ist das OTOP-Vogelschutzgebiet auf der Insel Kaseburg (Karsibór) ein Schlaraffenland. Das Reservat liegt auf der Insel Kaseburg im Mündungsdelta der Swine, gehört zum Stadtgebiet von Swinemünde und ist auch für Unkundige ein idealer Platz zum Entspannen.

Zachodniopomorskie
OTOP Biuro
ul. 1 Maja 5a
72-603 Świnoujście
Tel. 050 303 69 77
www.otop.org.pl

9 Wandern im Urwald

Der Pfad der Johannisberge (Szlak Wzgórz Świętojańskich) verläuft über die malerische Moränenhügelkette des »Urwalds von Knyszyn« (Puszcza Knyszyńska) durch dichte Wälder, vorbei an Seen, dem Płoski-Fluss und Mooren, alten Rittersitzen, orthodoxen Kirchen und Wegkreuzen. Die 27 km lange Strecke führt von Sokole über Królowy Most nach Supraśl und ist rot markiert. Anreise per Bus oder Zug von Białystok.

Tourist-Info, ul. Marii Skłodowskiej-Curie 14a
15-097 Białystok
Tel. 050 335 64 82
https://podlaskie.itl

Oben und rechts: Wasserfreuden an den Masurischen Seen.

HILFREICH & NÜTZLICH

Praktische Informationen für die Reise und einiges Wissenswerte über die Region Danzig, Ostseeküste und Masuren haben wir hier für Sie zusammengetragen.

Auskunft

Deutschland: Polnisches Fremdenverkehrsamt, Hohenzollerndamm 151, 14199 Berlin, Tel. 030 210 09 20, Mo.–Do. 9.00–16.00, Fr. 9.00 bis 15.00 Uhr, www.polen.travel/de
Österreich: Polnisches Fremdenverkehrsamt, Fleschgasse 34/2a, 1130 Wien
Tel. 01 524 71 91 www.polen.travel/de-at
Polen: Polnische Organisation für Tourismus (POT), ul. Chałubińskiego 8
XIX piętro, 00-613 Warszawa
Tel. 022 536 70 70, www.pot.gov.pl

Botschaften und Konsulate

Deutsche Botschaft: ul. Jazdów 12
00-467 Warszawa, Tel. 022 584 17 00
www.polen.diplo.de
Deutsches Generalkonsulat in Danzig:
al. Zwycięstwa 23, 80-219 Gdańsk
Tel. 058 340 65 00, www.polen.diplo.de
Österreichische Botschaft:
ul. Gagarina 34, 00-748 Warszawa
Tel. 015 247 19 10, www.polen.travel/de-at
Schweizer Botschaft: al. Ujazdowskie 27
00-540 Warszawa, Tel. 022 628 04 81/82
www.eda.admin.ch

Essen und Trinken

Hauptgerichte: Überall im Land verbreitet sind neben der klaren Rote-Bete-Suppe
Barszcz der deftige Sauerkraut-Pilze-Eintopf
Bigos (meist mit Schweinefleisch, aber auch mit Wurst), der Innereien-Eintopf **Flaki** (bestehend aus Rinderpansen, Wurzelgemüse und Markknochen), **Pierogi** (mit Kartoffeln, Hackfleisch, Kraut, Pilzen, Käse oder Beeren gefüllte Nudeltaschen), Kohlrouladen **Gołąbki** sowie die saure Mehlsuppe
Żurek. Typisch für die nordpolnische Küche sind Ostseefischgerichte wie **»Zander Polnisch«** (mit Gemüse gekocht, serviert mit ausgelassener Butter und kleingehackten, hartgekochten Eiern), Heringstatar **(Hekele)** oder
Fisch nach masurischer Art (überbacken mit Käse, Zwiebeln, Pilzen und Salzgurken). Besonders vielfältig isst man im multiethnischen Podlachien. In Bohoniki und Kruszyniany kann man Spezialitäten der Tataren probieren wie **Sebzeli** (Piroggen mit Gemüse), **Manty** (mit Fleisch oder Käse gefüllte Dampfnudeln) oder **Pierekaczewnik** (gefüllter Blätterteig).
In den meisten anderen Regionen im Nordosten Polens dreht sich die Küche vor allem um die **Kartoffel**. Dem allerorts beliebten Kartof-

Prozession anlässlich von Dreharbeiten im kaschubischen Freilichtmuseum in Wdzydze Kiszewskie.

felkuchen sowie der Kartoffelwurst wurden in Supraśl sogar eigene Weltmeisterschaften gewidmet. Ausgerichtet werden sie Ende Mai, Anfang Juni während des Uroczysko-Festivals. Aber auch in Gestalt von Kartoffelpuffern sowie Klößen mit Kartoffelfüllung kommt die stärkehaltige Knolle auf den Tisch.

Getränke: Landesweit in vielen Sorten werden die Nationalgetränke **Bier** und **Wodka** erzeugt und angeboten.

Das berühmteste alkoholische Erzeugnis neben dem **Danziger Goldwasser** (klarer Gewürzlikör mit Blattgoldflocken) ist **Żubrówka** (in Deutschland »Grasovka«, in England »Bison Vodka«), der Büffelgraswodka aus Belowesch. Sein Geschmack von frischem Heu und Waldmeister verleiht dem 40-prozentigen Roggen-schnaps das Duftende Mariengras. Ein Halm davon steckt – nur als Deko – in jeder Flasche.

Geld

Landeswährung ist der **Złoty** (zł bzw. PLN). Der Kurs ändert sich fast täglich, jedoch nicht wesentlich (1 zł = 0,22 €, 1 € = 4,58 zł). Ein Złoty entspricht 100 Groszy. Im Umlauf sind Münzen zu 1, 2, 5, 10, 20, 50 Groszy, zu 1, 2 und 5 Złoty sowie Banknoten zu 10, 20, 50, 100, 200 und 500 Złoty. Bargeld erhält man mit Kredit- und teils auch Girokarten an den zahlreichen Geldautomaten. Kartenzahlung ist fast nirgends ein Problem. Im Gegensatz zu Deutschland kann man z. B. an einer Tankstelle auch nur einen Kaffee per Karte zahlen – und zwar am besten stets in Złoty. Bargeld tauscht man in Banken (geöffnet meist Mo.–Fr. 10.00 bis 17.00 Uhr) oder den oft günstigeren Wechselstuben (Kantor), nachdem man sich vorher über den aktuellen Kurs und die Gebühren erkundigt hat.

Gesundheit

Ärztliche Versorgung: Das Sozialversicherungsabkommen zwischen Deutschland und Polen ermöglicht die kostenlose Behandlung in öffentlichen Krankenhäusern und durch Vertragsärzte bei Vorlage der **Europäischen Krankenversicherungskarte** (EHIC). Für gesetzlich Versicherte ist diese auf der Rückseite der Chipkarte enthalten. Evtl. Kosten für einen Krankenrücktransport deckt eine private Auslandskrankenversicherung.

Covid 19/Corona: Seit Herbst 2021 ist auch Polen wieder stärker von Covid 19 betroffen. Derzeit gilt bei der Einreise eine Quarantänepflicht von zehn Tagen (nicht für Geimpfte und Genesene; aktuelle Einreisebestimmungen siehe www.auswaertiges-amt.de).

Apotheken: Neben polnischen sind viele internationale Medikamente erhältlich. Die Öffnungszeiten sind in der Regel Mo.–Fr. 8.00 bis 19.00 und Sa. 9.00–14.00 Uhr.

Kuren/Medizintourismus: Insbesondere die polnische Ostseeregion hat langjährige Erfah-

Info

Geschichte

8. Jh.: Westslawen besiedeln das heutige Staatsgebiet.

10. Jh.: Piastenfürst Mieszko I., ab ca. 960 Herzog, vereinigt die westslawischen Stämme und wird erster polnischer Herrscher.

966: Mit der Taufe Mieszkos I. beginnt die Christianisierung.

968: Gründung des ersten Bistums in Posen

1025: Bolesław I. wird erster poln. König.

1038: Herzog Kasimir I. Karl macht Krakau zur Hauptstadt.

1079–1138: Polens Hauptstadt ist Plock.

1138: Nach Erbstreitigkeiten zerfällt das Königreich in Herzogtümer.

1181: Fast ganz Pommern wird Teil des Heiligen Römischen Reiches.

1226: Herzog Konrad I. von Masowien holt zum Schutz den Deutschritterorden ins Kulmer Land (heute Kujawien-Pommern).

1230: In den eroberten Gebieten entsteht der Deutschordensstaat.

1241: Das Heer des zerstrittenen Polen unterliegt in der Schlacht bei Liegnitz den Mongolen.

1295: Der Versuch, Polen wieder durch einen König zu einen, endet kurz nach der Krönung von Przemysł II. mit dessen Ermordung.

1320: Wiedererrichtung der Königsmacht unter Władysław I.

1385: Königreich Polen und Großfürstentum Litauen gehen Personalunion ein. 1386 Begründung der Jagiellonen-Dynastie.

1410: Polen-Litauen siegt in der Schlacht bei Tannenberg über den Deutschordensstaat.

1466: Polen erhält vom Deutschen Orden Danzig und Teile Pommerns zurück.

1500: Beginn des »Goldenen Jahrhunderts«, Blütezeit von Handel, Kunst und Wissenschaft

1525: Herzogtum Preußen wird poln. Lehen.

1596: König Sigismund III. Wasa macht Warschau zur Hauptstadt.

1772, 1793 und 1795: Nach der dreimaligen Teilung des Doppelstaates durch Österreich, Preußen und Russland gibt es weder Polen noch Litauen.

1918: Mit Ausrufung der Zweiten Republik erhält Polen staatliche Souveränität zurück.

1919/21: Polnisch-Sowjetischer Krieg

1939: Mit dem deutschen Beschuss der Westerplatte in Danzig beginnt am 1. September der Zweite Weltkrieg. Er kostet über sechs Millionen Polen das Leben, darunter fast 90 % aller polnischen Juden.

1945: Die alliierten Siegermächte verschieben Polens Landesgrenzen nach Westen. Vertreibung von Millionen Menschen. Die 1944 von der kommunistischen Partei proklamierte und geführte Republik (ab 1952 Volksrepublik) Polen wird per Warschauer Pakt (1955) fest an die UdSSR gebunden.

ab 1980: Streiks und Proteste bringen die erste freie Gewerkschaft Solidarność hervor. Mitbegründer und Vorsitzender ist der Danziger Werftarbeiter Lech Wałęsa.

1989: Sturz des Regimes von General Wojciech Jaruzelski unter Führung von Solidarność. Polen wird parlamentarische Republik, Lech Wałęsa Staatspräsident.

1990: Anerkennung der Westgrenze durch Deutschland

1997: Demokratische Verfassung tritt in Kraft.

1999: Polen wird NATO-Mitglied.

2004: EU-Beitritt und Unterzeichnung des Schengener Abkommens

2019: Die europakritische PiS gewinnt die Parlamentswahl mit 43,59 %.

2021: Der Europäische Gerichtshof für Menschenrechte (EGMR) verurteilt Polen mehrfach wegen seiner Justizreformen. Ein neues Mediengesetz bedroht die Pressefreiheit.

Seit September herrscht aufgrund der anhaltenden Migrations- und Flüchtlingssituation im Grenzbereich mit Belarus der Ausnahmezustand. Bewegungs- und Versammlungsrechte sind eingeschränkt.

Restaurant Canis in Danzig: Während man sich in den sommerlichen Ferienorten gewöhnlich sehr leger bewegt, legt man im Allgemeinen fast immer Wert auf gute Garderobe. Das gilt insbesondere für Restaurantbesuche und Abendveranstaltungen.

Info

Wetterdaten
Danzig

	TAGES-TEMP. MAX.	TAGES-TEMP. MIN.	WASSER-TEMP.	TAGE MIT NIEDER-SCHLAG	SONNEN-STUNDEN PRO TAG
Januar	1°	-4°	1°	8	1
Februar	1°	-4°	1°	7	2
März	5°	-1°	2°	7	4
April	11°	3°	5°	7	5
Mai	16°	7°	10°	8	7
Juni	20°	11°	15°	9	9
Juli	22°	13°	17°	9	7
August	21°	13°	18°	8	7
September	18°	10°	16°	9	5
Oktober	13°	6°	12°	9	3
November	6°	2°	7°	10	2
Dezember	3°	-2°	3°	10	1

rungen im Kurbetrieb. Viele der 45 staatlich anerkannten Kurorte des Landes befinden sich hier, die meisten sind medizinisch spezialisiert, vor allem die privaten Einrichtungen auf dem neuesten Stand. Dank EU-Patientenrichtlinie werden viele Leistungen auch von ausländischen Kurgästen genutzt, deren Krankenkassen die Kosten in der Regel übernehmen. Das gilt z. B. auch für zahnärztliche Behandlungen. Zuzahlungen, etwa für Implantate, sind oft deutlich billiger ((http://polinfomed.com).

Kommunikation

Telefonvorwahlen: Polen 0048, Deutschland 0049, Österreich 0043, Schweiz 0041
Auskunft: Unter www.pkt.pl findet man private wie geschäftliche Telefonnummern.
Mobilfunk/Wlan: Die meisten Unterkünfte, oft selbst kleine Pensionen, bieten kostenloses Wlan an. Wer viel telefoniert, sollte sich eine Prepaid- Karte kaufen, etwa von T-Mobile oder Orange Polska.
Post: Briefe und Postkarten kosten innerhalb Polens 3,30 zł, per Eilzustellung (Prioritaire) 4,10 zł, innerhalb Europas 8 zł, per Eilzustellung 18,90 zł. Postämter sind in der Regel Mo.–Fr. 8.00–20.00, Sa. 8.00–14.00 Uhr geöffnet.

Notruf

Von jedem öffentlichen Telefon und Festnetz erreicht man folgende Nummern kostenlos:
Polizei 997, **Feuerwehr** 998, **Notarzt** 999 allgemeiner **Notruf** 112 (auch mobil)
Die **Touristen-Hotline** (Juni–Sept., auch in Deutsch) ist erreichbar unter Tel. 0800 200 300 (nur Festnetz, gebührenfrei) oder 0608 599 999 (mobil oder Festnetz, gebührenpflichtig).

Öffnungszeiten

Die relativ niedrigen Lebensmittelpreise machen das Einkaufen in Polen besonders für Deutsche im Grenzgebiet sehr attraktiv. Durch ein geändertes Ladenschlussgesetz öffnen die Geschäfte seit 2021 sonntags nur noch in wenigen Ausnahmefällen, wie etwa vor Weihnachten und Ostern. Zu den Ausnahmen zählen u.a. Apotheken, Bäckereien, Tankstellen, Bahnhofs- und Flughafengeschäfte sowie kleine Läden, in denen der Eigentümer selbst an der Kasse steht. An Werktagen kann man in Supermärkten in der Regel 8.00–21.00 Uhr einkaufen, in Malls 9.00–22.00 Uhr. In Großstädten sind manche Geschäfte rund um die Uhr geöffnet.

Reisen mit Handicap

Neue Gebäude sind EU-gemäß behindertengerecht gestaltet. Auch in der allgemeinen Öffentlichkeit verschwinden mehr und mehr Barrieren für Menschen mit eingeschränkter Mobilität. Rollstuhlfahrer sollten dennoch am besten mit dem eigenen Pkw reisen. Viele Infos gibt es unter www.turystykadlawszystkich.pl, auch in Englisch.

Restaurants

Ausgewählte Restaurantempfehlungen finden Sie auf den Infoseiten der einzelnen Kapitel. Die dort angegebenen Preiskategorien gelten für ein typisches Hauptgericht.

Preiskategorien

€ € € €	Hauptspeisen	über 90	zł
€ € €	Hauptspeisen	60–90	zł
€ €	Hauptspeisen	30–60	zł
€	Hauptspeisen	unter 30	zł

Sprache

In vielen Hotels und Restaurants kommt man gut mit Deutsch durch, ansonsten mit Englisch, besonders in international besuchten Orten.

Besonderheiten in der Aussprache des polnischen Alphabets:
c = ts, cz = tsch (wie in Matsch)
ć = dch (wie in Mädchen)
ę = nasales e (wie in Gratin)
h = ch (wie in machen)
ł = u-ähnlich (wie engl. w)
ń = weiches nj (wie in Cognac)
ó = u, sz = sch (wie in schön)
ś = etwas zischender als ch in Licht
ż = stimmhaftes sch (wie in Garage)

Unterkunft

Ausgewählte Hotelempfehlungen finden Sie auf den Infoseiten der einzelnen Kapitel.

Preiskategorien

€ € € €	Doppelzimmer	über 470	zł
€ € €	Doppelzimmer	260–470	zł
€ €	Doppelzimmer	120–260	zł
€	Doppelzimmer	unter 120	zł

Verkehr

Auto: Mitzuführen sind nationaler Führerschein und Fahrzeugschein. Zu den besonderen **Verkehrsregeln** gehört das prinzipielle Fahren mit Abblend-, in Ausnahmen mit Tagfahrlicht. **Tempolimit** innerorts ist 50 (23.00 bis 5.00 Uhr: 60), außerhalb 90, auf Schnellstraßen 100, auf Autobahnen 140 km/h. **Parken** in den Innenstädten ist meist nur Mo.–Sa. 9.00 bis 20.00 Uhr gebührenpflichtig (płatny) und relativ preiswert. Jeder **Verkehrsunfall** ist der Polizei zu melden (Tel. 997). Kopie des Unfallprotokolls verlangen! Die **Pannenhilfe-Notrufnummer** (Tel. 981) gilt landesweit.
Taxi: In Danzig etwa beträgt der Grundpreis 6,80 zł sowie 2,16 zł/km (nachts 3,24 zł) bzw. 0,60 zł/min (www.bettertaxi.de, https://hallo-taxi.gda.pl).

REGISTER

Fette Ziffern verweisen auf Abbildungen

A
Adlershorst (Orłowo) **75**
Allenstein (Olsztyn) **38**, 82, 96, 115, **119**
Angerburg (Węgorzewo) 87
Augustów 112

B
Bartenstein (Bartoszyce) 114
Belowesch s. Białowieża
Białowieża **20, 101**, 101, **103**, 106 **108, 109, 118**
Białystok 103, 106, **106, 107**, 112, 115
Biebrza-Nationalpark 112, **113**
Bodenwinkel (Kąty Rybackie) 61
Bohoniki **102**
Budy **103**, 113

C
Cadinen (Kadyny) **85**
Ceynowa (Chałupy) 75

D
Danzig (Gdańsk) **1, 4, 10/11, 21–35, 37**, 38, **39–43**, 188
Dirschau (Tczew) 61

E
Eckertsdorf (Wojnowo) **4, 18/19, 84**, 97
Elbing (Elbląg) **90, 95**, 95, 97

F
Frauenburg (Frombork) 90, **91** 95, **95**, 97
Freihof (Orzechowo) **8/9, 49**

G
Gdingen (Gdynia) **14/15, 46**, 47, **49**, 60
Göttchendorf (Godkowo) 56
Görlitz (Gierłoż) 90, 96
Grabarka 103, **105**, 104, **112**
Greifenhagen (Gryfino) **67**
Gribow (Grzybowo) 75
Grodzisk 20
Groß Purden (Purda) **20**
Grünfelde (Grunwald) 87, 96

H
Habichtsberg (Jastrzębia Góra) 60
Hajnówka 113
Heiligelinde (Święta Lipka) 96
Heilsberg (Lidzbark Warmiński) 20, 82, **83**, 96, **97**
Hela (Hel) 59, **59, 60, 61**, 75
Henkenhagen (Ustronie Morskie) **73**, 75
Hoff (Trzęsacz) 78
Hohenstein (Olsztynek) **84, 96**, 96

J
Jershöft (Jarosławiec) 59

K
Karthaus (Kartuzy) 61
Kaschubische Schweiz 61
Kernsdorfer Höhen (Wzgórza Dylewskie) 95
Klucken (Kluki) **47**
Kolberg (Kołobrzeg) 56, **72, 73, 75, 78**, 79
Krummer Wald (Krzywy Las) 77
Krusznik 111
Krutinna (Krutynia) **89**
Kurowo 113

L
Lauenburg (Lębork) 59, 79
Leba (Łeba) **4, 48**, 48, **49**, 59, **74** 79
Lokau (Tłokowo) **38**, 96
Löbau Westpr. (Lubawa) 56
Lötzen (Giżycko) 87, 97
Locken (Łukta) 56

M
Marienburg (Malbork) **16/17, 53**, 61, 114
Marienwerder (Kwidzyn) **52**
Masurische Seenplatte 81, 87, **116**
Misdroy (Międzyzdroje) 72, **78**, 78
Mohrungen (Morąg) 95

N
Narew-Nationalpark 113
Neuendorf (Wisełka) 78
Nikolaiken (Mikołajki) 21, 87, 97

O
Oberlandkanal (Kanał Elbląski) 90, **91**, 95
Odrynki **112**
Oliva (Oliwa) 47
Ortelsburg (Szczytno) **83**
Orzechowo **49**
Osterode (Ostróda) 95
Ostritz-See (Jezioro Ostrzyckie) **52**

P
Płociczno-Tartak 111
Pölitz (Police) 69
Popiellnen (Popielno) 90, 97
Puchły **112**
Puńsk **102**, 106, 111
Putzig (Puck) 60

R
Rampe Kodderstrauch (Pochylnia Oleśnica) 90
Rastenburg (Kętrzyn) 96
Rewahl (Rewal) 74, 78, 115, **120**
Rhein (Ryn) 96
Rößel (Reszel) 96
Rowe (Rowy) 59

Rudczanny (Ruciane-Nida) 21, **21**, 38, **88**, 97
Rügenwalde (Darłowo) 79
Rügenwaldermünde (Darłówko) 79
Rumbke (Rąbka) **48**
Ryboly 99

S
Schewecken (Żywkowo) **95**
Schönberg, Ordensburg (Szymbark/ Iława) **53**, 96
Schöneck (Skarszewy) **52**
Schönfeld (Krasin) **95**
Seeburg (Jeziorany) 96
Seine (Sejny), Kloster **106, 111**, 111
Sensburg (Mrągowo) 96
Slowinzischer Nationalpark **48, 59**
Sokółka **104**
Sorquitten (Sorkwity) 97
Spirdingsee (Jezioro Sniardwy) **81, 88, 116**
Stargard **68, 77**, 77
Stettiner Haff 69, 71
Stettin (Szczecin) **12/13, 63**, 64, **66**, 67, 68, 69, **77** 77, 114

Stolpmünde (Ustka) 59
Stolp (Słupsk) **59**, 59
Stutthof (Sztutowo) 61
Supraśl 106, **113**
Suwalken (Suwałki) 21, 111, 114
Swinemünde (Swinoujście) **71, 74, 78**, 78, 79, 75

T
Tannenberg (Grębark) 87
Tolkemit (Tolkmicko) 95, 97
Tykocin 101, 112

W
Wdzizen (Wdzydze Kiszewskie) **50, 51, 117**
Wigry Nationalpark **100, 101**, 101, **111**, 111
Wollin (Wolin) **70, 71**, 78

Z
Ziegenort (Trzebież) 71, 72, 74
Ziolowy Zakątek **102**
Zoppot (Sopot) **46**, 47, 56, **60**, 60, 74

Impressum

2. Auflage 2022
© DuMont Reiseverlag, Ostfildern

Verlag: DuMont Reiseverlag, Postfach 3151, 73751 Ostfildern, Tel. 0711/4502-0, Fax 0711/4502-135, www.dumontreise.de
Geschäftsführer(in): Dr. Stephanie Mair-Huydts, Markus Schneider
Programmleitung: Birgit Borowski
Redaktion: Robert Fischer (www.vrb-muenchen.de)
Text: Carsten Heinke
Exklusiv-Fotografie: Peter Hirth
Titelbild: Huber Images/Reinhard Schmid (Danzig, Mottawa-Ufer)
Zusätzliches Bildmaterial: S. 3 (Autorenfoto Carsten Heinke) Ángel Belmonte Aguirre; 61 Carsten Heinke; 93 o. mauritius images/Zoonar GmbH/Alamy. 108 u., 109 o. Emmanuel Berthier/hemis.fr/laif; 120 r., 121 r. Carsten Heinke
Grafische Konzeption, Art Direktion, Layout: fpm factor product münchen
Cover Gestaltung: CYCLUS · Visuelle Kommunikation Stuttgart
Kartografie: © MAIRDUMONT GmbH & Co. KG, Ostfildern Kartografie Lawall (Karten für »Unsere Favoriten«)
DuMont Bildarchiv: Marco-Polo-Straße 1, 73760 Ostfildern, Tel. 0711/4502-0, Fax 0711/4502-1006, bildarchiv@mairdumont.com

Für die Richtigkeit der in diesem DuMont Bildatlas angegebenen Daten – Adressen, Öffnungszeiten, Telefonnummern usw. – kann der Verlag keine Garantie übernehmen. Nachdruck, auch auszugsweise, nur mit vorheriger Genehmigung des Verlages. Erscheinungsweise: vierteljährlich.

Anzeigenvermarktung: MAIRDUMONT MEDIA, Tel. 0711/4502-0, Fax 0711/4502-1012, media@mairdumont.com, http://media.mairdumont.com
Vertrieb Zeitschriftenhandel: PARTNER Medienservices GmbH, Postfach 810420, 70521 Stuttgart, Tel. 0711/7252-212, Fax 0711/7252-320
Vertrieb Abonnement: Leserservice DuMont Bildatlas, Zenit Pressevertrieb GmbH, Postfach 810640, 70523 Stuttgart, Tel. 0711/7252-265, Fax 0711/7252-333, dumontreise@zenit-presse.de
Vertrieb Buchhandel und Einzelhefte: MAIRDUMONT GmbH & Co KG, Marco-Polo-Straße 1, 73760 Ostfildern, Tel. 0711/4502-0, Fax 0711/4502-340
Reproduktionen: PPP Pre Print Partner GmbH & Co. KG, Köln
Druck und buchbinderische Verarbeitung: NEEF + STUMME GmbH, Wittingen
Printed in Germany

FSC
www.fsc.org
MIX
Papier aus verantwortungsvollen Quellen
FSC® C001857

Urlaub erinnern ...

Wenn jemand eine Reise tut, dann kann er was
erzählen. Und nicht nur das: Er nimmt auch etwas mit.
Erinnerungen an die schönste Zeit im Leben.

DEN TAG AM STRAND GENIESSEN

Ich bin kein Yogi. Doch immer, wenn ich beim Spaziergehen an Polens Ostseestränden Menschen sehe, die zwischen Meer und Dünen Yoga praktizieren, nehme
ich mir vor, es endlich auch zu lernen. Im nächsten Winter werde ich damit begin-
nen. Und den Tag am Strand begrüßen kann ich auch im Leipziger Neuseenland.

TIEFENENTSPANNT
IM HIER UND JETZT

Im Urlaub so entspannt zu sein,
dass man Tagträume hat, heißt
auf Polnisch »myśleć o niebies-
kich migdałach« – an blaue Man-
deln denken. Diese Redewendung
ist doch auch etwas, an das man
sich gern erinnert, oder?

GAUMENFREUDEN

Zumindest noch für ein paar Tage nach der Polenreise
reicht der mitgebrachte Hausmacherkäse aus Korycin (Ser
koryciński swojski). Obwohl das Rezept für den köstlichen
Rohmilchkäse der Legende nach auf Schweizer Söldner
zurückgehen soll, habe ich seinen markanten Geschmack
bislang noch bei keiner anderen Sorte wiedergefunden.
Zum Glück gibt es aber auch Käsehändler in Deutschland,
die ihn anbieten und das Erinnern »schmackhaft machen«.

Immer gut für gute Erinnerungen: Radelnd unterwegs (hier auf dem Green-Velo-Radweg).

»GDZIE SERCE TAM I SZCZĘŚCIE.«
(DAS GLÜCK IST DORT, WO AUCH DAS HERZ IST.)

Polnisches Sprichwort

BLÜTENPRACHT ALS MITBRINGSEL

Als nationale Blume ist der Klatschmohn so beliebt im Nachbarland, dass sich seine Farbe sogar in der rot-weißen Landesflagge wiederfindet. Wer sich ein Stück blühendes Polen in den eigenen Garten holen will, bringt sich wie ich aus Allenstein entweder Samen oder Wurzelknollen mit. Was daraus wächst, sieht auf den ersten Blick nicht anders als der einheimische Klatschmohn aus. Doch da ich seine Herkunft kenne, sehe ich stets mehr als rote Blüten, wenn ich ihn betrachte.

BERNSTEIN TRAGEN ODER TRINKEN

Schmuck zählt zu den meistgekauften Bernstein-Souvenirs aus Danzig. Preiswerter und zudem origineller ist selbstgemachter Schnaps aus dem fossilen Ostseenadelbaumharz. Herstellen lässt er sich ganz einfach auch zu Hause. Zutat Nr. 1: billiges Bernsteingranulat, das in den Werkstätten der Schmuckhandwerker als Abfall anfällt. Gut gereinigt, übergießt man es mit Zutat Nr. 2: reichlich Wodka oder Korn. Je länger man das Ganze stehen lässt, umso mehr löst sich der Bernstein auf. Der Alkohol nimmt dessen Honigfarbe an und ebenso das herbe, harzige Aroma. Wer ihn trinkt, nimmt damit Energie aus Jahrmillionen auf.

EIN SUPPENTELLER VOLLER SOMMER

Den Geschmack des polnischen Sommers ahme ich an heißen Tagen gerne auch zu Hause nach – indem ich Chłodnik, kalte Rote-Bete-Suppe zubereite. Dieses aus Litauen stammende Gericht, für das man ursprünglich auch Flusskrebsschwänze nutzte, gehört schon seit langer Zeit zur nationalen Küche Polens. Für die einfachste Variante davon braucht man gekochte Rote Bete, Kefir, Joghurt oder Buttermilch, frische grüne Gurken, Dill und hart gekochte Eier. Auch fein geschnittene Radieschen sowie Schnittlauch passen prima in die so schnell gemachte wie angenehm herzhafte Erfrischung. Durch ihre leuchtend rosa Farbe ist sie obendrein auch noch ein äußerst attraktiver Blickfang.

URWALD-FEELING IM CITY-WILDPARK

Wisente in freier Wildbahn zu beobachten, ist ein Naturabenteuer, das ich bislang nur in der Belowescher Heide erleben durfte. Zumindest in natura sehen kann ich die imposanten Waldbüffel aber auch zu Hause in Leipzig. Lebt doch eine stattliche Herde der größten Landbewohner Europas im dortigen Wildpark. Und danach gibt's Tee aus meiner Büffeltasse! Die habe ich als Andenken aus dem Białowieża-Nationalpark mitgebracht – genauso wie die belarussischen Gästetücher, die nun in meiner heimischen Küche hängen.

HAMBURG

Alles anders, alles neu?
Hamburg erfindet sich neu: Dank Elbphilharmonie und HafenCity strömen mehr Touristen in die Stadt als je zuvor.

Shoppingtipps
Wo kauft die Hanseatin, der Hanseat? Die besten Adressen ...

Sprung über die Elbe
Ausflugstipps fürs Alte Land, in die Lüneburger Heide, nach Bergedorf oder Ahrensburg.

COSTA RICA

Tierische Erlebnisse
Affen und Krokodile, Tukane und Leguane, grandiose Möglichkeiten zur Tierbeobachtung gibt es vielerorts.

Strandparadiese
Mehr als 1000 km Pazifik- und 200 km Karibikküste – da ist für jeden der ideale Strand dabei.

Land ohne Armee
Null Dollar fürs Militär. Kann das dauerhaft gut gehen?

www.dumontreise.de

LIEFERBARE AUSGABEN

DEUTSCHLAND
207 Allgäu
216 Altmühltal
220 Bayerischer Wald
180 Berlin
162 Bodensee
217 Brandenburg
175 Chiemgau, Berchtesg. Land
013 Dresden, Sächsische Schweiz
152 Eifel, Aachen
157 Elbe und Weser, Bremen
168 Franken
020 Frankfurt, Rhein-Main
112 Freiburg, Basel, Colmar
231 Hamburg
026 Hannover zw. Harz und Heide
042 Harz
023 Leipzig, Halle, Magdeburg
210 Lüneburger Heide, Wendland
188 Mecklenburgische Seen
038 Mecklenburg-Vorpommern
033 Mosel
190 München
047 Münsterland
223 Nordseeküste Schleswig-Holstein

006 Oberbayern
161 Odenwald, Heidelberg
035 Osnabrücker Land, Emsland
002 Ostfriesland, Oldenburger Land
164 Ostseeküste Mecklenburg-Vorpommern
154 Ostseeküste Schleswig-Holstein
201 Pfalz
040 Rhein zw. Köln und Mainz
185 Rhön
186 Rügen, Usedom, Hiddensee
206 Ruhrgebiet
149 Saarland
182 Sachsen
159 Schwarzwald Norden
045 Schwarzwald Süden
018 Spreewald, Lausitz
008 Stuttgart, Schwäbische Alb
141 Sylt, Amrum, Föhr
204 Teutoburger Wald
170 Thüringen
037 Weserbergland
173 Wiesbaden, Rheingau

BENELUX
156 Amsterdam

011 Flandern, Brüssel
179 Niederlande

FRANKREICH
177 Bretagne
021 Côte d'Azur
032 Elsass
228 Frankreich Südwesten Okzitanien
019 Korsika
213 Normandie
001 Paris
198 Provence

GROSSBRITANNIEN/ IRLAND
187 Irland
202 London
189 Schottland
227 Südengland

ITALIEN/MALTA/ KROATIEN
181 Apulien, Kalabrien
211 Gardasee
222 Golf von Neapel, Kampanien
163 Istrien, Kvarner Bucht
215 Italien, Norden
005 Kroatische Adriaküste
167 Malta
155 Oberitalienische Seen

158 Piemont, Turin
014 Rom
165 Sardinien
003 Sizilien
203 Südtirol
039 Toskana
232 Venedig, Venetien

GRIECHENLAND/ ZYPERN/ TÜRKEI
034 Istanbul
016 Kreta
176 Türkische Südküste, Antalya
229 Zypern

MITTEL- UND OSTEUROPA
104 Baltikum
208 Danzig, Ostsee, Masuren
169 Krakau, Breslau, Polen Süden
044 Prag
193 St. Petersburg

ÖSTERREICH/ SCHWEIZ
192 Kärnten
004 Salzburger Land
196 Schweiz
226 Tirol
197 Wien

SPANIEN/PORTUGAL
043 Algarve

214 Andalusien
150 Barcelona
025 Gran Canaria, Fuerteventura, Lanzarote
172 Kanarische Inseln
199 Lissabon
209 Madeira
174 Mallorca
225 Porto, Nordportugal
007 Spanien Norden
219 Teneriffa, La Palma, La Gomera, El Hierro

SKANDINAVIEN/ NORDEUROPA
166 Dänemark
212 Finnland
153 Hurtigruten
029 Island
200 Norwegen Norden
178 Norwegen Süden
151 Schweden Süden, Stockholm

LÄNDERÜBERGREIFENDE BÄNDE
224 Donau – Von der Quelle bis zur Mündung
112 Freiburg, Basel, Colmar
221 Kreuzfahrt in der Ostsee

AUSSEREUROPÄISCHE ZIELE
183 Australien Osten, Sydney
109 Australien Süden, Westen
218 Bali, Lombok
195 Costa Rica
024 Dubai, Abu Dhabi, VAE
160 Florida
036 Indien
205 Iran
027 Israel, Palästina
230 Kalifornien
031 Kanada Osten
191 Kanada Westen
171 Kuba
022 Namibia
194 Neuseeland
041 New York
184 Sri Lanka
048 Südafrika
012 Thailand
046 Vietnam